臺灣變番邦
―― 1895乙未抗日臺南戰場巡禮
日本無頭鬃

鄭道聰―著

目次

市長序：探索歷史真相 了解臺南先民故事 / 12
局長序：記錄城市一段重要歷史記憶 / 14
推薦序：舊議題新視角－臺南的乙未抗日 / 16
作者序：干戈滿地孤城險 / 18

壹、前言 / 21

貳、臺灣總督府接收臺灣初期的統治原則及軍事行動 / 27
一、「馬關條約」中臺灣人民去留的原則 / 28
二、日軍登陸後的軍事行動與諭告 / 30
三、始政後日軍南下至新竹的軍事行動與諭告 / 34
四、彰化八卦山之役及重組南進軍 / 39

參、1895年臺灣民主國的運作及臺南籌防 / 47
一、力挽狂瀾：「那一日，龍旗換虎旗」 / 48
二、臺灣民主的組成與運作 / 49
三、臺灣民主國存續期間的各種說法 / 53

四、乙未抗日中的劉永福　/ 56
　（一）劉永福簡介及來臺處境　/ 56
　（二）關於劉永福的相貌　/ 57
　（三）非戰之罪？劉永福的鎮守及脫走　/ 58
五、在臺南的黑旗軍最後命運　/ 61

肆、日軍進入臺南戰場前的時局情況　/ 69
一、有關總督府招安政策產生的作用　/ 70
二、謠言及失真訊息帶來的影響　/ 72
三、保良局的設置及作用　/ 76
四、日軍進入臺灣面臨的挑戰　/ 78
　（一）「水土不服」：對於氣候及疾病的挑戰及適應　/ 78
　（二）南進軍面對風土病的戰略調整　/ 84

伍、最後一擊　/ 87
一、黑旗軍及鄉勇的軍力布署　/ 88
　地方鄉勇召募及布署　/ 89
二、日軍布署　/ 90

三、臺南戰役 / 93
    （一）10月11日-14日布袋口至鹽水港、鐵線橋戰鬥 / 94
    （二）10月11日-14日布袋口至渡仔頭戰鬥 / 100
    （三）10月15日-17日急水溪附近村莊的戰鬥 / 105
    （四）10月18日竹篙山及王爺頭戰鬥 / 107
    （五）10月20日蕭壠戰鬥 / 113
    （六）10月20日曾文溪庄戰鬥 / 118
    （七）10月21日近衛師團到大目降 / 123
    （八）10月21日第二師團肅清臺南及安平 / 125
四、進占臺南宣布全島平定 / 132

陸、歷史場域及記事 / 135

一、北白川宮能久親王之死與歷史遺跡 / 136
二、在臺南地區鄉民所建各地紀念祠 / 137
    （一）鹽水、新營地區 / 137
        1. 鹽水區三生里月津忠義烈士祠（菜園仔公廟） / 137
        2. 鹽水區水秀里七歲姑娘萬善爺公廟 / 140
        3. 鹽水區舊營里歡雅萬應公廟 / 142
        4. 鹽水區舊營里四十六忠義公廟 / 143

5. 新營區角帶里姑爺儀民忠正公祠　/ 145
　　6. 新營區鐵線里鐵線橋丁善義公廟　/ 146
（二）北門、學甲地區　/ 148
　　1. 北門區鯤江里槺榔山義勇祠　/ 148
　　2. 北門區保吉里萬善堂　/ 150
　　3. 學甲區東平里將善爺廟　/ 151
　　4. 學甲區宅港里楊府元帥祠　/ 153
　　5. 學甲區光華里忠神公廟　/ 154
（三）六甲、官田地區　/ 156
　　1. 六甲區水林里甲東「四千宮（四王公廟）」　/ 156
　　2. 官田區官田里菁崎「萬聖公廟」及「小菩薩廟」　/ 158
　　3. 官田區烏山鎮護宮　/ 159
（四）佳里、七股地區　/ 160
　　1. 佳里區建南里廣安宮將軍府　/ 160
　　2. 佳里區通興里鎮山宮　/ 164
　　3. 佳里區鎮山里武安宮　/ 166
　　4. 七股區看坪里境安宮　/ 168
　　5. 七股區竹橋里「城隍廟」小祠　/ 169
（五）麻豆、善化地區　/ 170
　　1. 麻豆區新建里許真人公廟（許件烈士祠）　/ 170

2. 麻豆區港尾里萬姓公祠　172
　　　3. 善化區溪美里十九公祖廟　173

柒、綜論 / 175
一、臺灣各地鄉勇抵抗的行動及意志 / 176
　（一）臺灣民主國敗兵紀律崩解與失序 / 176
　（二）臺灣民主國的困境：糧餉短缺 / 179
　（三）鄉勇的組織與抵抗 / 180
　　　1. 武器與人員的動員 / 180
　　　2. 各地呈現的抵抗意志 / 185
　　　3. 婦女參與抵抗的情形 / 187
二、紀念與追悼 / 191
　（一）總督府安魂祭儀 / 192
　（二）鄉民在各地方建立的紀念祠 / 194
　　　1. 為何而戰？保鄉衛土的「忠義」精神 / 195
　　　2. 乙未抗日：臺灣複雜的歷史經驗 / 196

捌、參考資料 / 201
一、文獻、專書 / 202
二、網路資料 / 205

玖、附錄 / 207

一、碑記或宮廟沿革資料 / 208

（一）月津忠義烈士祠沿革 / 208

（二）楝梛山義勇祠（3塊碑文）/ 209

（三）萬善堂重建碑誌 / 211

（四）忠神公廟（說明牌及2塊碑文）/ 212

（五）抗日志士四王公遇難八十週年紀念 / 215

（六）官田萬聖公沿革誌 / 216

（七）廣安宮重建碑記 / 217

（八）許件烈士祠重建記 / 218

（九）十九公祖廟 / 219

（十）境安宮沿革 / 220

二、圖示說明 / 222

（一）樺山總督諭示 / 222

（二）清軍與日軍對照圖 / 223

（三）唐景崧 / 223

（四）彰化中路營務處懸賞擊殺日本船隻官兵諭告 / 224

（五）曉諭臺灣人民告示 / 225

（六）南征軍臺南攻擊之圖 / 226

（七）特示 / 227

圖目次

圖 1：臺灣首任總督樺山資紀	28
圖 2：民政長官水野遵	29
圖 3：樺山總督諭示	29
圖 4：清軍與日軍對照圖	41
圖 5：我軍臺灣府攻擊之圖	42
圖 6：木村周輔所繪八卦山對峙圖（郭双富庋藏）	45
圖 7：藍地黃虎旗	48
圖 8：唐景崧	49
圖 9：臺南官銀票拾大員	50
圖 10：臺南官銀票壹大員	51
圖 11：臺灣民主國士担吞	51
圖 12：臺灣民主國郵票摺	52
圖 13：劉永福發行郵票實寄郵件	52
圖 14：欽差幫辦臺灣防務劉永福告示	56
圖 15：劉永福	57
圖 16：彰化中路營務處懸賞擊殺日本船隻官兵諭告	58
圖 17：曉諭臺灣人民告示	61
圖 18：劉永福發放臺南府城義民牌	63
圖 19：許南英	66
圖 20：臺南鹽水八角樓，1895 年（James Wheeler Davidson 攝影）	71
圖 21：廣告：輕便防蚊具	85
圖 22：第二師團長陸軍中將乃木希典	90
圖 23：混成第四旅團長陸軍少將貞愛親王	91
圖 24：近衛師團長北白川宮能久親王	91
圖 25：1895 年日軍攻臺路線示意圖	92
圖 26：海軍掩護混成第四旅團之情景	94
圖 27：10 月 11 日 -10 月 20 日戰鬥點、地名	95
圖 28：鹽水港市街戰後之景象	98
圖 29：濟遠號以砲擊援護布袋嘴上陸之陸戰隊	99
圖 30：布袋嘴攻擊市街兵燹之光景	99

圖 31：杜仔頭庄附近之戰鬥圖	100
圖 32：南征軍臺南攻擊之圖	104
圖 33：混成第四旅團於布袋口戰鬥之景象	104
圖 34：鐵線橋附近之戰鬥圖	106
圖 35：竹篙山、杜仔頭、蚵寮附近之戰鬥圖	107
圖 36：林崑岡	113
圖 37：蕭壠街之戰鬥圖	114
圖 38：臺灣府攻擊民家破壞之圖	115
圖 39：竹林掩體	117
圖 40：曾文溪之戰鬥圖	119
圖 41：臺灣南進軍臺南府攻擊之圖	120
圖 42：南進軍司令部陸海軍將校合影	122
圖 43：第二師團野戰砲隊曾文溪攻擊的光景	122
圖 44：曾文溪庄戰後地方鄉勇陣亡狀況	122
圖 45：臺南城占領之圖	124
圖 46：安平戰鬥位置略圖	125
圖 47：我征臺軍擊退鳳山賊匪並向臺南進軍之圖	126
圖 48：日軍將黑旗軍收繳的武器置於安平昭忠祠前清點	132
圖 49：安平港砲臺	132
圖 50：能久親王乘坐之擔架	136
圖 51：御遺跡所（今永福路近府前路口）	137
圖 52：月津忠義烈士祠門前對聯	138
圖 53：月津忠義烈士祠內供奉忠義烈士神主	138
圖 54：月津忠義烈士祠沿革碑	140
圖 55：七歲姑娘萬善爺公廟門前對聯（一）	141
圖 56：七歲姑娘萬善爺公廟門前對聯（二）	141
圖 57：萬善爺及七歲姑娘神位	141
圖 58：鹽水區歡雅萬應公廟外觀	142
圖 59：歡雅萬應公廟主祀神像萬應公	142
圖 60：四十六忠義公廟外觀	143

圖 61：四十六忠義公廟祭祀空間	144
圖 62：廟內所供奉「四十六忠義公」牌位	144
圖 63：儀民忠正公祠外觀	145
圖 64：儀民忠正公神位暨神位對聯	145
圖 65：儀民忠正公祠壁柱及立柱對聯	146
圖 66：儀民忠正公祠外門柱對聯	146
圖 67：丁善義公廟外觀	147
圖 68：丁善義公廟壁柱及立柱對聯	147
圖 69：廟內供奉丁善義公之祿位	147
圖 70：北門槺榔山義勇祠外觀	148
圖 71：義勇祠奉祀神尊	148
圖 72：開建槺榔山義勇祠碑記（立於廣場）	149
圖 73：北門萬善堂外觀	150
圖 74：廟內所供奉之「萬善爺」牌位	150
圖 75：原萬善堂小祠之香爐，在廟宇興建後繼續沿用	151
圖 76：萬善堂立柱對聯	151
圖 77：將善爺廟外觀	152
圖 78：將善爺廟門前對聯	153
圖 79：將善爺廟祭祀空間	153
圖 80：楊府元帥小祠外觀	153
圖 81：楊府元帥小祠祭祀空間	153
圖 82：學甲忠神公廟外觀	155
圖 83：忠神公廟正殿神龕上方匾額暨對聯	155
圖 84：忠神公廟主祀神忠神公	156
圖 85：忠神公廟正殿楹聯	156
圖 86：四千宮外觀，後方新建玉山宮	157
圖 87：四千宮正殿	157
圖 88：萬聖公廟前有拜亭，旁有小菩薩廟在百年苦苓樹旁邊	158
圖 89：萬聖公廟祭祀空間	159
圖 90：小菩薩廟祭祀空間	159

圖91：鎮護宮前臨烏山頭堰堤及排水渠道，風景優美	160
圖92：神龕中正座者為鎮護娘娘，兩側旁祀原為女婢，亦壯烈成神	160
圖93：廣安宮外觀	161
圖94：廣安宮正殿空間	161
圖95：主祀神孔德尊王	161
圖96：廣安宮將軍府	163
圖97：將軍爺	164
圖98：鎮山宮外觀	165
圖99：鎮山宮正殿空間	165
圖100：鎮山里武安宮祭祀空間（一）	167
圖101：鎮山里武安宮祭祀空間（二）	167
圖102：境安宮外觀	168
圖103：境安宮正殿空間	168
圖104：境安宮主祀神城隍大境主、城隍二境主、黃府元帥	168
圖105：七股竹橋村城隍廟外觀	170
圖106：城隍廟祭祀空間	170
圖107：許真人公廟外觀	171
圖108：許真人公廟正門對聯	171
圖109：許件烈士之神像	171
圖110：萬姓公祠外觀及壁柱、立柱對聯	172
圖111：「萬姓公」牌位	172
圖112：十九公祖廟外觀	173
圖113：十九公祖廟正殿神龕	173
圖114：十九公祖廟解說牌	173
圖115：乃木希典與臺南市代表	178
圖116：陳子鏞，攝於廈門鼓浪嶼	179
圖117：《征臺軍凱旋紀念帖》	181
圖118：鹽水港黑旗軍死亡狀況	181
圖119：特示	184
圖120：臺南府於天長節舉行祝勝大會之情景	194

市長序

探索歷史真相　了解臺南先民故事

　　臺南，是臺灣最早開發的城市，從荷蘭至清代一直是臺灣的政治、經濟、文化的中心，即使1887年臺灣建省後省會設於臺北，但彼時的臺南仍舊是全臺第一大城市。1894年中日爆發甲午戰爭，清廷戰敗後與日本簽訂「馬關條約」割讓臺灣，當時的臺灣紳民們組織了「臺灣民主國」企圖抵抗日軍以求保衛臺灣。

　　1895年5月，日軍首先從臺灣島北部的貢寮澳底登陸，他們在進入臺北城後設立「臺灣總督府」宣布始政，同時派兵南下征伐，以攻入臺南為平定臺灣的指標。然而日本軍隊卻在桃園、新竹、苗栗、彰化、大林等地遭到各地鄉勇們展開一連串的抵抗行動。當年10月，日軍重組南進軍隊，分為三路，以近衛師團直攻嘉義後進入臺南的白河、鹽水，並沿著古官道往南進攻麻豆、善化等地；另一支隊伍——混成第四旅團於嘉義布袋港登陸，前進臺南鹽水、北門，並掃蕩附近的學甲、佳里、西港、七股等；第二師團則從屏東枋寮登陸，往北進攻高雄打狗、鳳山，進而逼近臺南府城。

　　這段歷史在臺南留下了「蕭壠走蕃仔反」等乙未抗日的地方軼事，但多數屬於民間流傳的口耳傳說，長期以來一直缺乏詳細的資料來佐證這段史事。尤其臺灣早期相關文獻對於日軍和臺灣的抵抗軍雙方於1895年10月10日至21日之間在臺南急水溪及曾文溪流域一帶所發生的戰鬥和場域也鮮有記載，雖然日本官方曾留下詳盡的戰鬥紀錄資料，但當代對這段歷史投入探討和進行文獻比對的研究者卻不多。

　　所幸近年來市府文化局委託府城資深文史工作者暨前臺南市文獻委員會委員鄭道聰老師進行「乙未抗日臺南戰事場域及史蹟調查案」及「臺南乙未抗日戰事場域編纂」等研究計畫，他以兩年的時間，經過仔細地爬梳文獻和進行田野調查後，彙整了相關史料及田野資料編撰成《臺灣變番邦，日本無頭鬃》這本新書，藉以呈現這一段臺南鄉

民與日本軍隊之間周旋十餘天的戰爭史蹟。在計畫執行期間，鄭老師及其團隊成員更走訪了二十二間相關廟宇，探索當年在戰場掩埋陣亡義民的地點及追查臺南多處古戰場的遺跡。

　　回首這段臺南人民為保衛家鄉而群起奮戰的故事，這些可歌可泣的抗日歷史，原本了解其詳細經過的人並不多，相信透過本書的出版，能讓更多市民朋友們如撥開歷史迷霧般，更加瞭解這段先民的歷史，以及我們腳下這片土地的曾發生的故事，是這本新書此刻出版的重要意涵。

臺南市長　黃偉哲

局長序

記錄城市一段重要歷史記憶

　　戰爭是影響人類社會發展及變遷的主要因素之一，《左傳》記載：「國之大事，在祀與戎」，可見自古以來一旦國家發生戰事，它所涉及的是整個社會的集體動員，所造成的各種影響和傷害也是長久的。臺南是臺灣歷史最早開發的城市，從荷蘭人來臺開建商館、城堡、拓展貿易；到鄭成功入臺設府治理，以及清朝逐次開發，直至日本殖民時代，臺南曾歷經了不同外力侵入及內部衝突的事件，因此留下不少與戰爭相關的歷史遺蹟。

　　如今我們所熟悉的市定古蹟，如熱蘭遮堡遺構、赤嵌樓等，都曾是荷蘭人與鄭成功軍事交戰的現場；四草礮臺（鎮海城）和安平小砲臺是中英鴉片戰爭時的防禦工事；臺灣府城門及城垣殘蹟，更見證幾次臺灣民變圍城的戰況；二鯤鯓礮臺（億載金城），在牡丹社事件後起造，於海防上發揮了大作用；而鹽水八角樓曾是日軍接收臺灣時，由日本伏見宮貞愛親王所率領的混成第四旅團在此駐營十天的前進指揮所，在樓前還留有1940年代初期由日本殖民政府設立的「伏見宮貞愛親王御遺跡鹽水港御舍營所」紀念石碑。

　　除了上述古蹟以外，還有三分子日軍射擊場遺址，是當年日軍駐守臺南第二聯隊的射擊場；在歷史建築方面，有位在今臺南體育場南面、興建於1941年二次大戰期間的忠靈塔，當時動員了臺南州的青年們合力興築而成，用以安奉二戰中戰歿者的骨灰。其他還有位於仁德的二空防空碉堡、位於永康的三崁店糖廠防空洞群，都是二次大戰時的工事遺構，現今都透過《文化資產保護法》下，得以留存至今，共同成為見證城市歷史發展的一環。

　　這本《臺灣變番邦，日本無頭鬃》新書，是由前臺南市文獻委員、也長期擔任相關文資審議委員的鄭道聰老師，經過二年田野調查，盤點1895年10月10日至21日期間，日軍進入臺南時與各地鄉勇

戰鬥的歷史紀錄，並清查出總計二十二間廟宇是當時在戰役之後鄉民為埋葬死者所建立的紀念祠，而這些祠廟的設置地點正位於當年日軍前進的路線上，亦即當年古戰場所在地。

雖然這段歷史早已灰飛湮滅，但相關遺址仍具有重要的史蹟價值，依據《文化資產保護法》規範：「史蹟是指歷史事件所定著而具有歷史、文化、藝術價值應予保存所定著之空間及附屬設施。」因此書裡所列舉的各個地點和相關史料，也是未來有機會審議指定史蹟時的重要參考資料。

臺南市的發展，歷經各時期，積累了豐富多元的文化資產，這些共同表訴著人物事蹟、歷史事件、社群生活等各方面的文化意涵。雖然從書裡的文字描述，可以感受到先民在面對家國急遽變化時的徬徨與無奈，但1895年臺南先賢在各地發起的抗日行動所留下的奮鬥足跡，也是城市不可抹滅的一段重要歷史記憶。

臺南市政府文化局局長 黃雅玲

推薦序
舊議題新視角—臺南的乙未抗日

　　1895乙未年臺灣抗日事件是一個老舊議題，2015是乙未抗日120週年，當時我正負責中央研究院臺灣史研究所的所務工作，想到能否在這個有紀念性的年份為這個舊議題做一點什麼有意義的工作。剛好這一年偶然因王汎森院士舊友賴大衛（Davis Curtis Wright）教授的引介，我們得知在加拿大卡加立大學（University of Calgary）圖書館收藏的禮密臣（James Wheeler Davidson, 1872-1933，或譯為達飛生）檔案中有不少跟臺灣有關的資料，並且在賴教授協助下前往卡加立大學圖書館查閱。該批資料中有一份禮密臣在日軍接收臺灣初期在北部地區作戰時期，以隨軍記者身分撰寫的英文隨軍日記，十分珍貴。同時也獲知國立臺灣歷史博物館剛入藏1895年日本隨軍攝影師遠藤誠編撰之日文〈征臺記〉，加上中研院臺史所檔案館收藏的日本傳教士細川瀏之日文〈渡臺日記〉，這三種資料皆為乙未戰役之隨軍記錄；另外，臺史所檔案館收藏之「北白川宮家在臺行跡圖像」、遠藤誠所編《征臺軍凱旋紀念帖》、「達飛聲家族檔案」等有不少與乙未之役相關，而過去未曾揭露之圖像資料，因此我跟當時臺灣歷史博物館呂理政館長商量，合作編譯、編排出版這些資料，為乙未之役增添有意義的研究材料，因此有了2015年12月雙方共同出版的《乙未之役隨軍見聞錄》。禮密臣其他有關臺灣的資料，中研院臺史所在2017年另外出版了《禮密臣臺灣資料選輯》。

　　在編輯《乙未之役隨軍見聞錄》過程中，我發現過去談乙未抗日常受教科書、媒體、影片影響，好像桃竹苗一帶是義民抗日的主戰場，甚至特別標榜客家族群的對抗事蹟，實際上乙未對抗戰爭最慘烈的地點在臺南急水溪至曾文溪一帶，這一部分恰是過去最少被研究討論的議題。我因此建議臺南市政府文化局應從事乙未戰役臺南戰場的

相關調查研究，後來找到我的老朋友鄭道聰先生擔綱，進行乙未抗日臺南戰事場域及史蹟調查，史蹟調查的部分是道聰兄主動要求增加的，這是一個正確的工作方向，因為增加了這一部分的調查，尤其是因祭祀戰爭過程中犧牲的民眾而創立的各式具有紀念與感懷的宮廟，使乙未戰役的歷史在許多地區跟今天的民眾生活產生有意義的連結。

由於乙未戰爭傷亡最慘重的戰役發生於蕭壠（佳里），義軍、民眾死亡達數千人，往往只能就地掩埋，因此日治前期佳里地區到處可見無主小祠（有應公廟），1923年在地方民眾請求下，臺南州北門郡官方出面協助將這些小祠所祀枯骨集中在廣安宮旁新建將軍府安置，該項作業耗時一年多，除由境主神金唐殿三位王爺，並請來南鯤鯓代天府吳府千歲、北港朝天宮媽祖共同協助處理民俗儀式，可見其工程之浩大。

因為這次祭儀機緣，吳府千歲與北港媽祖成為金唐殿的重要「關係神」，後來也參與金唐殿的重要廟會事務，例如1987年年初金唐殿恢復舉辦中斷八十餘年的王醮（蕭壠香），一開始循往例邀請佳里番仔寮應元宮組織108人蜈蚣陣，應元宮組蜈蚣陣一向講究人物角色與故事情節，需請示該廟神明，這一年神明指示應扮宋太宗出巡，然而金唐殿認為應該以天罡地煞相關元素為組陣主題，並表示當時來作客參加醮典的北港媽祖及南鯤鯓吳府千歲也指示同意，雙方相持不下，最後應元宮蜈蚣陣從此退出蕭壠香，金唐殿改找轄境內的寧安宮負責新組108人蜈蚣陣（2023年癸卯科起改由金唐殿廟方直接自行招募組陣）。歷史的蜿蜒曲折與關連影響，有時超乎想像。

從我提議進行調查研究到今日《臺灣變番邦，日本無頭鬃－1895乙未抗日臺南戰場巡禮》得以出版，倏忽十年過去，感謝文化局的支持，也感謝道聰兄的用心，為我們完成這部特別有意義的臺南史專著。

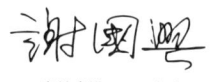

謝國興

寫於南港，2025年春

作者序
干戈滿地孤城險

「干戈滿地孤城險，波浪兼天巨艦撞。羞殺餘姚吳季子，星旗隊裡換雲幢。」這首詩是1895年乙未時臺南進士許南英擔任籌防局統領所寫的詩，描述臺南城面對著日軍的進逼，已經面臨危急的狀態，卻見到那些掌權者棄職離走，使得壯麗的軍旗徒留雲彩般的陣仗。這首詩寫出當時情勢危急卻無力再支撐的局面。

當時日軍重組南進軍，以精銳之師進入臺南地界，卻在急水溪及曾文溪流域遭到地方鄉民激烈抵抗，日方文獻記載這是登臺以來所未曾遇過的戰況，迫使日軍採取激烈的手段進行掃蕩。前後十天至少發生40次以上不同程度規模的遭遇戰、突擊戰、對抗戰、清剿戰，而留下許多可歌可泣的事蹟，至今仍可追查到至少有22間在戰場掩埋殉難鄉民而建的祠廟。

這段事蹟寫成這本書要感謝很多人，首先是中央研究院臺灣史研究所謝國興教授，沒有他的倡議及指導不會有這個調查研究計畫。在2015年謝國興與呂理政共同撰寫《乙未之役隨軍見聞錄》一書，當時他就向我提及臺南有許多乙未戰場的遺跡需要去訪查，因為他住臺北，無法安排時間再到臺南進行田調，所以希望我能接手做此事，他的一席話讓我想起很多事。

我想起1997年，那時臺南縣辦理「鹽水製糖一百年」，我協助文史工作，訪查到鹽水菜園仔公就是乙未抗日殉難義勇的紀念祠；又在八角樓看到「伏見宮貞愛親王御遺跡鹽水港御設營所」之石碑，採訪葉爾修先生提到戰後政府一紙公文要拆除日本時代的紀念物時，他用水泥石灰糊上碑文，逃過被拆除的命運，過了三十幾年後臺灣解嚴，他又一字一字的將水泥揭開現出原文恢復石碑原狀。他說在日本時代每個人經過八角樓都需脫帽鞠躬致敬；到了戰後它卻變成殖民恥辱的象徵；現在舉辦全國文藝祭，政府鼓吹社區營造又成為地方文化的指

標。葉老先生或許無法思辨八角樓在不同時代如何會背上民族主義的包袱，但知道八角樓的存在見證不同政治時空與地方歷史共生，所以他的直覺就是能夠保存就儘量留住原樣，因為這是他的生命記憶。

後來長榮大學黃肇新老師邀我參加臺南縣社區營造輔導團隊，負責臺十九線以西及臺十七線兩側的社區，包括鹽水橋南、北門錦湖、學甲紅茄、佳里北頭洋、七股篤加等二十幾個社區，這些都是1895年日軍進入臺南各地鄉勇群起抵抗的地區。社區內有些小祠被指稱是紀念當年殉難人士的地點，祭祀對象多以忠勇公、忠義公、義勇公或萬應公稱之，而且父祖輩交待得在祭祀日前去祭拜不可偏廢，因為其中有祖先之靈。這些事情那幾年我曾詳查各種資料，但都說法不全無法佐證。

這樣一晃幾十年，由於好友謝國興的提示與鼓勵，我向文化局提出「乙未抗日臺南戰事場域及史蹟調查案」得到支持開始展開此一工作。由於近十幾年來各項日本的史料被翻譯解讀出版，也有許多著作論述乙未抗日的過程，使得資料的收集較早期完整且脈絡清楚，但是各類書籍報告的爬梳彙整，還是繁雜。感謝特助潘鵬文、黃雪芳；一同進行田野調查的周芷茹、潘瑩真，她們倆位田調回來還要一頭埋進書堆及電腦之中，將所有的資料比對清楚並檢視圖片歸檔分類以利書寫；還有協助打字、校對的楊雅萍及李幼軒；文稿完成幫忙校對的鄭采芩、鄭朵棻。

這本書先進行調查，再進行編纂計畫，感謝審查委員臺南大學戴文鋒教授、成功大學陳文松教授、臺灣歷史博物館陳怡宏研究員，他們細心的審閱，清楚的一一提出指正，而提升書的內容及可讀性。

有一些機緣和巧遇，在尋訪中有幾個地點似乎就是被無形的力量引導至現場，至今回想不可思議；還有要感謝的人很多，只好等書籍出版後再一一贈書致謝了。

寫於2025年元月

臺灣總督府

壹

前言

壹、前言

　　近二、三十年來，有許多乙未臺灣抗日的史料、譯本出版，讓想了解、研究這段歷史的人有更明確的資料，也釐清過去對這段歷史在理解上的一些盲點；再者，許多資料不再以抗日民族主義的史觀去解讀，有助於我們對於臺灣乙未抗日的對抗本質及當時戰亂的情形有更加清楚的認識。本研究的重心在於整理1895年10月11日至21日在臺南地區發生戰鬥的過程及其歷史場域，並比較日軍在中北部與各地鄉勇對抗的異同之處，同時說明日本統治策略及南征過程，以及當時臺灣人民因為戰爭所承受的災難及痛苦。

　　臺灣乙未抗日源於1895年清廷割讓臺灣，起因1894年朝鮮王朝發生東學黨之亂，清廷派兵協助平亂，日本亦藉口護僑，派兵進入朝鮮，後日本海軍攻擊清軍運兵船發生衝突。8月1日兩國宣戰，清陸軍一敗牙山，再敗平壤；日軍一路渡鴨綠江，一路攻金州、陷大連。北洋海軍亦敗於黃海，潰不成軍，退守威海衛。清廷退而談和之時，日軍登陸山東，南下澎湖，清廷只得派李鴻章至日本談和。

　　1895年3月20日在日本下關春帆樓展開議和談判，雙方停戰之後主要談判割讓遼東半島與臺澎地區，4月17日李鴻章代表清廷簽訂條約；5月8日兩國換約，條約第5款規定：

> 本約批准互換之後，限二年之內，日本准中國讓與地方人民願遷居讓與地方之外者，任便變賣所有產業，退出界外；但

限滿之後尚未遷徙者，酌宜視為日本臣民。又臺灣一省，應於本約批准互換後，兩國立即各派大員至臺灣，限於本約批准互換後兩個月內交接清楚。[1]

　　這款條約說明臺灣割讓後人民去留的期限及方式，以及交接的期程。當時，日本國會立刻調整內閣組織，增設臺灣事務局做為因應，並制定「勅令臺灣總督府條例」。派任樺山資紀為第一任總督，並於5月21日頒行「臺灣總督府假條例」（臺灣總督府暫行條列），並且調動近衛師團擔任臺灣守備隊，在沖繩會合準備以武力接收臺灣。

　　根據「馬關條約」的規定，清國將臺灣割讓給日本，只要經過雙方交接的手續，臺灣即是日人統治的領土。然而，割臺消息一出，臺灣臣民一片譁然、不解與激憤，紛紛上書朝廷反對割讓。反觀同被割讓的遼東半島，其去留由俄、德、法三國出面干涉，免去割讓給日本，而臺灣及澎湖列島則是在清廷拒約無力，又無外援的絕望之下，最後臺灣官紳、人民只好商議自謀出路，以拒絕日本接收臺灣。此時，北部有原臺灣巡撫唐景崧、中部有補用道員林朝棟、南部有欽命幫辦臺灣軍務閩粵南澳鎮總兵劉永福，皆為清法戰爭立有功勳的抗法名將，而且自鴉片戰爭以來臺灣幾經外敵入侵，都是由官府與仕紳，結合鄉勇驅逐外患。因此，5月25日，臺人遂成立臺灣民主國，試圖抵抗日本派軍接收臺灣。

　　這場日本接收臺灣的過程，從1895年5月29日近衛師團在臺灣北部澳底（新北市貢寮區）登陸作戰開始；至10月21日南進軍第二

1　文海出版社編，《中外條約彙編》，文海出版社，1964年，頁151。

師團進入臺南城為止,前後戰鬥將近5個月之久。日軍入臺之後持續進行攻防、追擊、掃蕩的軍事行動,引起各地鄉民激烈對抗,由於疾病及水土不服,日軍傷亡的程度遠超出原先的預期。整個臺灣西部幾乎都有武裝反抗成為戰場,日軍的軍事任務從桃園、新竹一路到彰化、雲林,都是以近衛師團為主力;最後準備進入嘉義、臺南地區才重組南進軍,增加第二師團及混成第四旅團,分三路進行總攻擊。

在以往的文獻中,對中、北部地區鄉民抗爭記載較為詳細,近代許多研究主題皆以中北部客籍鄉民的反抗及彰化會戰為重點,而較少描述日軍在急水溪、曾文溪流域與鄉民戰鬥的情形,因此本書著重於說明臺南鄉勇組織的反抗過程及重要事蹟。這場在臺南雙方的對抗從1895年10月11日至21日,臺南聯庄鄉勇及庄民遭遇慘烈傷亡。實際上,這場戰役在臺南當地亦留下許多地方文獻、傳說、紀念祠廟,甚至保留在後代子孫的記憶中,本書因而能夠盡量地去追溯這場戰役的歷史。本書所調查的場域,即是以日軍在這段期間,行軍路線所發生的戰鬥為主,在今仁德保安附近也有零星的遭遇戰,但並無民間的紀念祠廟。

本書首先簡述「馬關條約」割讓臺灣造成的影響,包括總督府在接收臺灣、宣布始政、軍事行動時發布的諭告,以對照日軍南下之後,各種軍政的舉措;本書描述的戰鬥內容從彰化及八卦山之役談起,繼而嘉義之役,以此切入分析戰爭從北到南的延續性以及各層面的影響,對應後來南進軍及鄉勇雙方在進入急水溪、曾文溪戰鬥狀態的異同,包括軍隊編組、武器系統、作戰方式,以及死傷的情形等。本書的重點在於整理日軍逼進臺南之時城裡的狀態,還有發生戰鬥衝突的區域,以及鄉民為紀念抗日殉難者所建的祠廟,經過普查共有22間。最後以探討戰爭慰靈的意義作為結論。本書旨在

還原、建構當時歷史場域,以追念前人面對割讓之變,保護鄉土不畏犧牲的精神。

　　由於本書內容引用許多文獻及書籍,尤其是《攻台戰紀》、《攻台見聞》、《征臺始末》、《乙未之役隨軍見聞錄》等,鉅細靡遺提供日軍在本區域作戰時遭遇的情形,並且有詳實的作戰地圖,得以比對日期、路線以進行田野工作。特別是《乙未之役外文史料編譯》,收錄了臺灣割讓時政治及經濟的報告,以及選譯日軍戰鬥詳報、新聞報導,並且從許多日本軍士的日記及家書,讓我們得以更深層地了解他們在戰爭中的所見所聞。當時身處戰場中的日本軍士面對炎熱氣候及風土病,還有一波又一波鄉民不屈的反抗,1895年這一場戰爭對抗的雙方人員,都具備相當勇氣面對戰爭的無情。

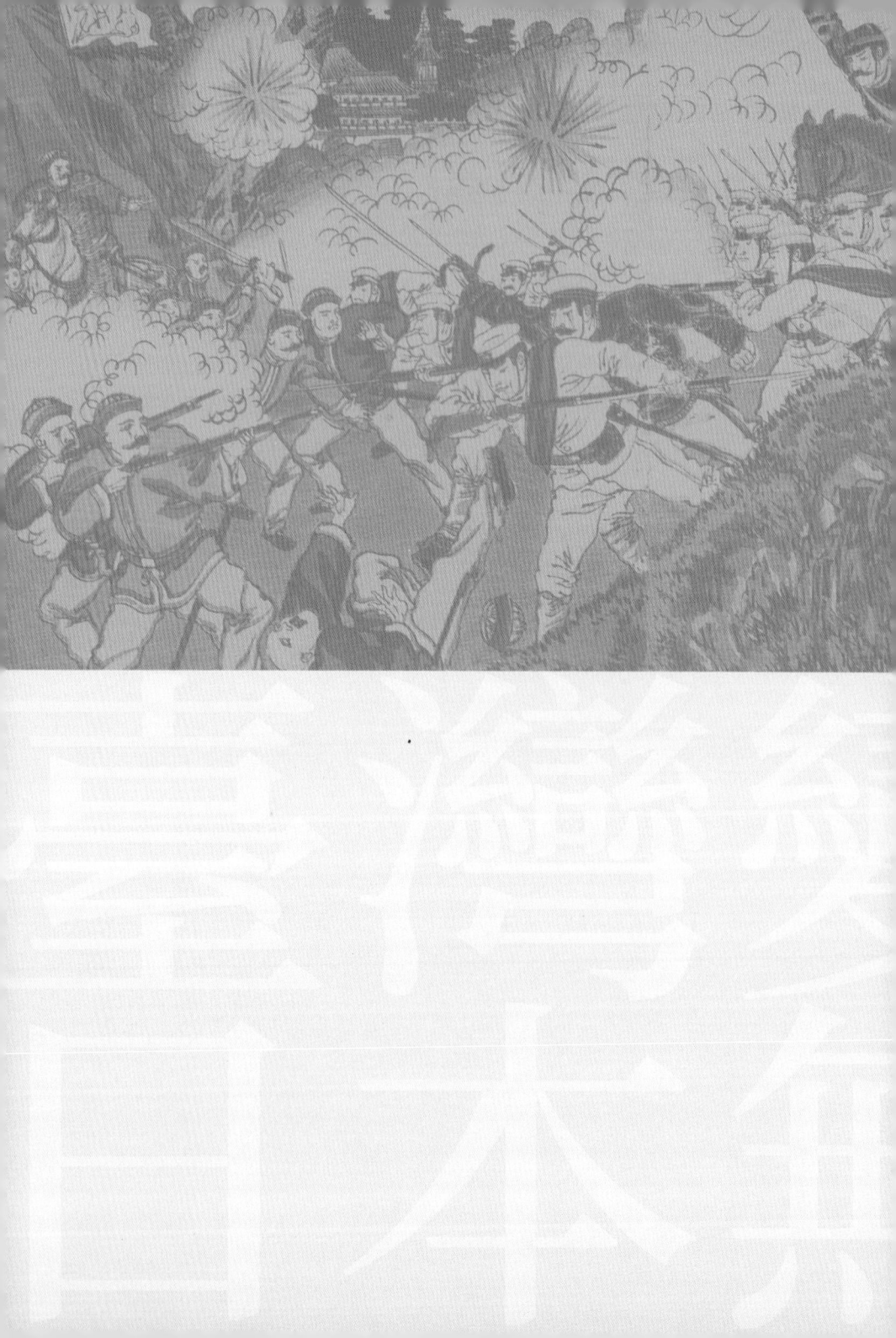

貳

臺灣總督府接收臺灣初期的統治原則及軍事行動

貳、臺灣總督府接收臺灣初期的統治原則及軍事行動

一、「馬關條約」中臺灣人民去留的原則

　　甲午戰爭停戰之後,雙方在日本下關歷經談判、簽約、換約,於5月8日條約生效。其中第5款**「應於本約批准互換後,兩國立即各派大員至臺灣,限於本約批准互換後兩個月內交接清楚。」**

　　在此條約之下,雙方只要經過交割手續,臺灣就歸日本統治,而日方的立場則是以5月8日換約生效日規定2年之內准予臺灣人民自由遷徙。日本於5月10日成立總督府,升任樺山資紀為海軍大將,擔任臺灣總督,又派公使水野遵共赴臺灣與大清帝國進行臺灣交接儀式。21日日本制定「臺灣總督府假條例」（臺灣總督府暫行條列）,水野遵出任臺灣總督府民政局長,設置民政局、陸軍局、海軍局,當

圖1　臺灣首任總督樺山資紀
臺灣首任總督樺山資紀（1837-1922）,生於鹿兒島,1871年牡丹社事件後曾隨軍侵臺。後又數次至臺灣收集情報,對臺灣事務相當熟悉,也了解臺灣社會民情。1895年樺山資紀所發布的諭示用於宣告日本對臺灣、澎湖及所屬各島嶼管理、屬公物件之主權領有。
圖片來源：《征臺軍凱旋紀念帖》

圖2　民政長官水野遵
水野遵（1850-1900），名古屋人，1871年奉命赴清國留學，1873年底任海軍通譯，乘艦至淡水，與樺山資紀共同展開調查收集民情。1874年因牡丹社事件，隨西鄉從道來臺，負責與當地官員、番社頭目溝通交涉。1895年5月以辦理公使身分負責接收臺灣事宜，為總督府第一任民政局長，1897年7月去職返回日本。
圖片來源：《征臺軍凱旋紀念帖》

天，樺山資紀心知和平接收臺灣已添變數，於是在第一時間派遣常備艦隊赴沖繩就近監控，以掌握臺灣情勢變化，同時調派駐紮於旅順、大連，原本計畫進攻北京的近衛師團轉往臺灣。[2] 28日總督府公布諭示，將臺灣島及所有附屬各島嶼併澎湖列島等處為大日本帝國，界定了交割範圍。此時，載運日本南征軍近衛師團的船隊已在臺灣北海岸集結準備登陸。

根據此條規，臺灣人民有2年的「猶豫期」，選擇為清國臣民

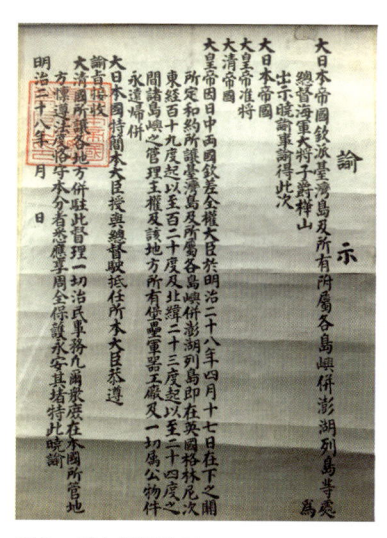

圖3　樺山總督諭示
內文如附錄二、圖示說明（一）。
圖片來源：中央研究院臺灣史研究所檔案館典藏

---

[2] 許祐愷、羅珮芳總編，《1895乙未戰爭撥雲見日》，國立臺南第二高級中學校友會、規富機械股份有限公司，2015年，頁78。

貳、臺灣總督府接收臺灣初期的統治原則及軍事行動

或日本臣民，經過住民去留決定日而未離開臺灣，即依「臺灣人民國籍處分辦法」，自動成為日本國民。直至1897年5月8日為去留截止日，此日之前遷離臺澎返回中國者，僅有6,456人，其中臺北縣1,574人，臺中縣301人，臺南縣4,500人，澎湖島81人，總數不多。[3]

二、日軍登陸後的軍事行動與諭告

日本大本營[4]於「馬關條約」生效後，即命令近衛師團守備臺灣，近衛師團的總兵力約1萬5千人，於是師團長能久親王指揮混成第一旅團於旅順口出發，5月26日在沖繩集合，並與臺灣總督樺山資紀會合，交託作戰事項，能久親王於27日發布師團命令，並於午後全隊分成10艘船陸續解纜啟程到臺灣北部海面。

師團命令[5]
一、關於台灣之狀況，僅收到不穩之報告，不知其詳情。我
　　艦隊目前正偵察台灣之狀況與登陸地點。
　　台灣總督樺山大將於本日中午從本灣出發，向淡水附近
　　前進。
二、師團於本日下午五時三十分出發，在基隆東北、尖閣島
　　（釣魚島）南方5哩處（北緯二十五度二十分，東經

---

[3] 戴月芳，羅吉甫主編，《臺灣全記錄 15000 B.C.～1966 A.D.》，錦繡出版事業股份有限公司，1990年，頁153。

[4] 明治天皇頒布「戰時大本營條例」（敕令第52號）；甲午戰爭爆發後的1894年6月5日，正式設置了大本營，是甲午戰爭到太平洋戰爭期間大日本帝國陸海軍的最高統帥機關。

[5] 謝國興、呂理政，《乙未之役隨軍見聞錄》臺灣史料叢刊18，中央研究院臺灣史研究所，2015年，頁59-60。

百二十二度）集合，以俟後命。

三、各運輸船應依向來排定之班別，聽命各監督將校之指示出發。

四、余搭乘薩摩丸，下午五時三十分出發，向集合地航行。

這項師團命令及軍事行動，說明日本的先發部隊最初對於臺灣組織民主國的軍事布署尚不清楚，因此在5月29日登陸澳底之前，曾派高千穗艦在淡水一帶偵察，遭遇岸上砲臺之砲擊；又見到淡水港岸上飄揚的藍底黃虎旗，顯然該地有軍事布署，遂按原計畫於澳底鹽寮登陸。總督府並於此時發出第1通諭告，告示臺灣各島已歸大日本國所有，並表示會保障臺灣各地人民原有的財產物業，並且警告將嚴懲反抗者；這是在軍事行動之下，同時進行警告及安撫臺灣人民的舉措。

諭告如下：

第一、樺山總督統領幕僚入台之際，聽聞暴徒企圖抵抗，水野長官即發告文

告示

大日本台灣總督府民政局長官水野為剴切曉諭事，此次大日本大清兩國欽差全權大臣議定講和條約內，台灣各嶼自今全歸大日本國，頃者總督蒞任，先遣員辦前往淡水口，何計在該所兵丁等放槍要擊，無由進行，故迂路過此，將趣台北府，凡台灣各地民眾，從來自管有之田地家屋等，秋毫不犯，永遠仍舊，唯條約所載城壘兵器等統久歸官之物件，立即交涉受授則可也，爾民眾各安其堵，並不許蠢動滋事，違者從嚴處辦，切切特示。

大日本明治二十八年五月二十九日

台灣總督府民政局長官 水野遵[6]

6月2日清國「交割臺灣全權大臣」李經方於基隆三貂角外海，與臺灣總督樺山資紀簽署《交接臺灣文據》。文件規定：「台灣全島、澎湖列島之各海口及各府縣所有堡壘、軍器工廠及屬公物件，全部交給日本。」同日臺灣總督府發出第2通諭告，再次強調保護從事合法事務的順良庶民，諭告如下：

第二、樺山資紀始入基隆港時即發諭告
大日本國皇帝陛下依明治二十八年四月十七日於下關締結之媾和條約，統有大清國皇帝陛下割讓之台灣全島及其附屬諸島嶼及澎湖列島。即英國格林威治東經百十九度乃至百二十度及北緯二十三度乃至二十四度間之諸島嶼永久完全之主權。本官於茲奉命以皇帝陛下御名，平定前記諸島嶼，任台灣總督，施行一切行政事務，駐守大日本帝國領地。從事合法事務之順良庶民終始享受全然保護。
明治二十八年六月二日於雞籠
台灣總督海軍大將子爵 樺山資紀[7]

6月4日近衛師團進入臺北城之時，由於日軍在瑞芳、基隆、獅球嶺等地遭遇到臺灣民主國的武力抵抗，及唐景崧逃離臺北所引發的社會動亂，樺山總督於6月5日在基隆港登陸，為制止武裝敗兵繼續作亂，於是針對一般住民發布第3通諭告，限定敗兵在6月30日之前向

6　香風外史（市毛淺太郎）編著，楊承淑、黃雪琴譯，《征臺始末》，財團法人世聯倉運文教基金會，2018年，頁373-374。
7　香風外史（市毛淺太郎）編著，楊承淑、黃雪琴譯，《征臺始末》，頁374。

日方申請歸航清國，否則格殺勿論，並要求住民不可藏匿敗兵，若不通報者同罪處罰；這項諭告具有警告示禁及安撫招降的作用，目的在禁止武裝反抗及維持秩序，以減少接收的阻力。諭告如下：

第三、基隆戡定後之敗兵處分諭告
本月二日本總督於基隆與大清國皇帝陛下管理之台灣全島及澎湖列島交接全權委員二品頂戴前出使大臣李經芳會面，完成台灣全島、澎湖列島及該島所有城壘兵器製造所及官有物之接收。於此，台灣全島及澎湖列島皆歸大日本帝國領土。然前巡撫唐景崧違背與大日本帝國克復和平之大清國皇帝陛下旨意，唆使駐台清兵，干戈倒向，對抗本總督。本總督故不得已一舉掃蕩雞籠之暴徒。而今，唐景崧逃遁，且銷聲匿跡。其將校或戰死，或逃走，敗兵失其所賴之所，四處出沒，掠奪良民財物，甚為猖獗。敗兵抗擊本總督，掠奪良民財物，罪該萬死，然其暴行或因上將之命而四處掠奪，或因飢渴難忍，不得已而為之。其情或有可憫之處。是以，本總督遵大日本國皇帝聖旨，特此寬典，豁免敗兵死罪，以我蒸汽船無償送返清國福州。汝等敗兵遵從本總督旨令，限於六月三十日向我國駐台北雞籠及滬尾之文武官申請，盡速歸航清國。若冥頑不靈，恣意掠奪，則格殺勿論。各市各村百姓若藏匿敗兵，不思舉報者與家中藏匿之敗兵同罪處罰。
明治二十八年六月　日
台灣總督海軍大將子爵樺山資紀[8]

8　香風外史（市毛淺太郎）編著，楊承淑、黃雪琴譯，《征臺始末》，頁374-375。

於是，敗竄在臺北的殘餘清兵陸續乞降，至6月11日止，共有1千7百餘人，總督府以海軍所屬運輸船將敗兵送返清國。[9]這項遣返舉措目的除了維持已占領的臺北地區社會秩序外，也為向中南部持續抵抗的黑旗軍進行宣傳，以便令日軍在彰化、嘉義及臺南等地的戰鬥，產生瓦解抵抗意志的作用。黑旗軍除了在彰化、嘉義之外，幾乎是不戰而退或一戰就潰。例如八卦山及彰化縣城，從清晨5時半打到10時就被日軍攻陷，嘉義縣城則是從清晨打到中午就被日軍占領；後來日軍進入臺南地區時，在二仁溪及曾文溪布署應戰的黑旗軍潰逃回府城，加上安平的敗兵，總共有近5千名的黑旗軍向日軍投降，被集中在安平英國領事館外，南進軍派船艦送敗兵回廈門。據說當時載運的船艦到廈門外海時，這些敗兵都被推下海中，命其游回岸上。[10]

三、始政後日軍南下至新竹的軍事行動與諭告

　　6月14日臺灣總督樺山資紀率文武官員，進駐布政使司衙門並設置總督府，17日宣布始政，先肅清臺北周邊的反抗鄉勇，派軍南下征伐各地的反抗武力，一路又遭到各地鄉民的抵抗；7月13日日軍受阻於三峽隆恩埔，且後方已占領地區又常遭鄉民有組織的襲擊或破壞，

9　謝國興、呂理政，《乙未之役隨軍見聞錄》，頁83。
10　鄭道聰於2007/7/6於安平文教基金會採訪何亦盛（87歲），據其口述，當時他的三伯何源在億載金城幫黑旗軍煮飯，親眼見到10月20日清晨劉永福坐小船到停在港外的火船走了，士兵都在砲臺上喊著「劉欽差去呼走了」。後來日軍進入安平，投降的黑旗軍都被集中在英國領事館外，左右手彎到背後用繩著綁住大拇指坐在廣場。隔一天，被用日本船送回廈門。後來聽從廈門坐火船回來的人說，這些黑旗軍被日本船載到廈門外海時，因不能靠港，都被推下海中，命其游回岸上，許多人溺死在海上。

以致日軍產生傷亡。於是,內閣首相伊藤博文向樺山總督施壓,訓令其「速謀鎮定之功」;總督府乃公告第4通諭告命令,如下:

第四、台灣人民軍事犯處分令

欽命台灣總督海軍大將子爵樺山為剴切曉諭事。照得此次發布台灣人民軍事犯處分令,即著施行。全台諸邑人等,一體凜遵。莫致干犯法紀自取罪累,為此特諭。

台灣人民軍事犯處分令

第一條、台灣人民,犯于左之條目者,罪當死刑。

一、抗敵大日本帝國之陸海各軍,及有叛抗之行為者。

二、毀壞鐵道、水陸電線、道路、橋梁、軍械、子藥、森林、壘柵、水道、火車、舩舶、船廠以及衙署軍用之土地房屋物件等者。

三、帶導寇賊,及為其奸細,或隱匿之,並幫助抗敵大日本國者之行為;或使俘虜逃走,或劫奪之者。

四、將大日本國軍隊軍艦軍用船舶之所在動靜,及軍用物件之所在數量,密報於敵人。

五、為大日本國軍艦軍用船舶之嚮導有詐欺之行為者。

六、捏造謠言,或喧嘩吵鬧,擾大日本國軍隊軍艦軍用船舶之靜穩者。

七、投毒藥于井泉河流,或污穢之,使不堪其用者。

八、將鴉片烟併其吸烟用什器,交付大日本國軍人軍屬及從軍者;或給與吃烟所者。

第二條、前條所揭之罪,不問其教唆者及從犯、未遂或均原諒情狀,酌量減刑。

第三條、前條所載之處分,於軍法會議所,或台灣總督府民

政局,斷之。

第四條、本令發布之日著即施行。

明治二十八年七月六日[11]

7月18日之後,由於日軍到處受到各地鄉民的襲擊,加上水土不服,染疫罹病造成傷亡人員增加,於是對沿著占領區反抗鄉民出沒的村庄及地區採取「無差別掃蕩」的激烈手段,結果引起鄉民更強烈的對抗,在日人的文獻上,記錄有許多地方不分男女老幼皆參與作戰。在19日日軍分兵入占宜蘭及進軍楊梅(今桃園市楊梅區),並於22日攻進新竹之後,雖然占領臺北到新竹的交通沿線,但仍受到鄉民持續有組織地對抗,因此總督府在25日再公告第6通諭告命令,告示內容說明日軍所至,將確保歸順人民之田業廬舍,如先前有參與抵抗願歸順者寬赦前罪不予追究,但如果頑冥不悟,決不姑寬。這項告示以招撫及威嚇雙管齊下,意圖瓦解武裝抵抗及安撫占領區的鄉民。

第6通諭告如下:

前罪寬赦令

大日本台灣總督子爵樺山等剴切曉諭本總督蒞任本地,專在統治順良士民各安其堵。故當基隆上陸使民政局長官水野出示曉諭,以台灣各地民間田業廬舍秋毫不犯,各歸業主,仍舊照管事。又頃者奉大日本帝國大皇帝叡旨,除關稅照收一件外,蠲免本年台灣全地錢糧雜稅及百貨釐以紓民困。詎料匪類捏造謠言,煽動愚民,毀壞鐵道電線道路橋梁,甚至暗

---

11 香風外史(市毛淺太郎)編著,楊承淑、黃雪琴譯,《征臺始末》,頁375-376。

擊我輸糧兵辨及馬隊於大姑陷河邊,於是本總督不得已,一擊電掃匪類,或殪或逃,巢窟灰燼,是皆所爾民眾目睹耳聞也。抑亂民之抗天兵,雖罪當萬死,想其所為或被匪徒逼脅煽誘,其情有稍可憐者。茲本總督特加恩寬宥,於天兵未到時,迅降轅門,致誠歸順者,從前罪愆,一切寬赦不究,而至如謠言,總是妄誕無根,爾民眾勿再受其煽惑,倘咎有頑冥不悟,造謠擾鄉者,一經查出,立加誅戮,決不姑寬,以彰嚴正,切切特示。

明治二十八年七月二十五日[12]

這個諭令公布的同時,日軍已經進抵新竹了,分析在臺北周邊的戰鬥,起先是民主國的正規軍,但經不起一戰,後來成為歸降的敗兵。日軍在臺北城周邊陸續遭到鄉民的抵抗,是各地鄉民義勇的集結對抗,多屬突擊、騷擾性的攻擊,以遲滯日軍的行動或破壞其後勤補給路線,而且造成日軍傷亡之後,引發7月29日日軍在新竹地區的軍事行動,使總督府停止原定要實施地方民政的措施,並於8月5日設保良局,由地方頭人出面安撫鄉民。8月6日改民政為軍事狀態,由軍事會議或是總督府民政局管理社會秩序。日軍13日上午進軍後龍市街時,居民皆安堵在家,其多數揭示書有「大日本帝國良民」之小旗;[13]但後來要進入苗栗縣城時,遭遇黑旗軍及鄉民團勇的砲擊,日軍亦發砲反擊之後,於14日進入苗栗市街時已無抵抗。黑旗軍將領吳彭年趁夜帶隊設置三叉河至大甲,日軍騎兵小隊則追擊

---

12 香風外史(市毛淺太郎)編著,楊承淑、黃雪琴譯,《征臺始末》,頁377。
13 謝國興、呂理政,《乙未之役隨軍見聞錄》,頁139。

大安港；日本增援的海軍又以艦砲射擊，使本來想要據大甲溪紮營對抗的黑旗軍及鄉勇只得繼續撤到彰化在八卦山集結，準備和日軍再戰。

此時在彰化由知府黎景嵩率各營將領如李惟義、廖其彩、吳彭年、湯仁貴、王德標等人，加上姜紹祖、吳湯興、徐驤的鄉民團練，也有十二營以上的兵力，雖然戰事從北一再往南敗退，但仍有對抗的意志及以戰待援的決心。

8月23日近衛師團抵達大甲，軍中罹病者日漸增多，後方勤務的軍伕也同樣生病減少人力，糧食運送也不甚順利，而且大甲附近的徵糧不足，大安溪及大甲溪的溪水暴漲，交通狀況不佳，但為儘速占領彰化，師團長決定重新編組區分左右縱隊及師團本隊，以利於後勤供應集中戰力，於是在24日起占領葫蘆墩，25日攻下清水，準備進攻彰化。這期間總督府共發出7道諭告及諸令，其中第5是雜稅免除令，[14]廢除了從清咸豐年間在臺灣一直苛擾民間的私設釐稅。第7即是鹽禁解除令，[15]廢除從明清以來原有的官辦鹽務，以避免

---

14 「第五、雜稅免除令：臺灣總督府海軍大將子爵樺山為新政寬仁蠲免租稅事，照得。臺澎各地，既經全歸大日本帝國所屬，土民悅服永頌昇平。詎料不法之嘯集匪類，煽動愚民，獷悍負嵎，抗我軍。惟是烏合草賊，不難殲滅。爾等順良民眾，恐怖驚悸，未能安堵就業矣。我大皇帝，至仁至德，軫念爾等民瘼殊深，特沛恩諭，令臣資紀除海關應徵諸免，暨官省之外，蠲免本年全臺澎湖，各地民間錢糧及諸稅釐。誠是皇恩如海，帝德以巌，合行出示曉諭，爾士民一體知悉。恭奉叡旨勵精盡瘁，以圖報效。本總督有厚望焉，切切特示。上諭通知。明治二十八年七月 日給。」香風外史（市毛淺太郎）編著，楊承淑、黃雪琴譯，《征臺始末》，頁376-377。

15 「第七、鹽禁解除令：臺灣總督海軍大將子爵樺山，為剴切出示曉諭事，照得。鹽乃百味之祖。人間不可一日缺之。向來臺地鹽務，統歸官辦，壟斷其利。而民困已甚矣，我大皇帝體念民艱，痛恨宿弊。特命本總督，一切弊竇，盡行革廢。鹽乃且食之需，豈有官辦私販之理。自示之後，無論鹽販食戶，概行自買自賣，以使民生。爾諸邑人等。當知聖皇體恤愛民之至意，其凜道切切特示。明治二十八年七月三十一日。」香風外史（市毛淺太郎）編著，楊承淑、黃雪琴譯，《征臺始末》，頁377-378。

官商壟斷。這些藉由皇恩聖意表達體恤愛民的措施，一方面廢除以往的苛政，以簡化施政管理的程序，另一方面也達到收買人心的目的。其他的5道諭告及諸令都是與臺灣民主國的反抗有關，包括敗兵處分、軍事犯處分、前罪寬赦等，這些內容也是後來日軍南進征伐時，對付民主國反抗勢力的行事準則。但日軍在臺南急水溪及曾文溪流域，同樣遭到地方鄉勇的對抗。

四、彰化八卦山之役及重組南進軍

8月25日近衛師團到大肚（臺中市大肚區）及牛罵頭（臺中市清水區），由於招安政策奏效，兩地並無抵抗，且日軍在此徵用數百石的糧食，並派兵於大肚溪的右岸準備攻擊；而駐守彰化及八卦山的黑旗軍，則派兵在大肚溪左岸，搭設白底的帳棚數十座，並砲擊日軍。

8月26日凌晨日軍渡大肚溪，迅速擊退鄉勇的抵抗，日軍並依據彰化來的鄉民所言，獲悉在彰化、八卦山附近包括黑旗軍、屯兵正勇及其他團練鄉勇，約有十二營之多，其中有許多人是這幾天從南方北上抵達支援。近衛師團右縱隊主力集結在八卦山及彰化。近衛師團由於左縱隊還要肅清臺中地區殘餘的抵抗，因此師團長下達作戰指示，決定在28日進攻彰化。

8月28日清晨5時30分，近衛師團右縱隊發動正面攻擊；左縱隊由船頭庄（臺中市大肚區渡船頭一帶）渡河攻擊黑旗軍的左側，布陣在八卦山堡壘的黑旗軍開始砲轟日軍，6時40分左縱隊也對八卦山展開砲擊，日軍第一線部隊並突進至山下村庄，使得堡壘東方的黑旗軍開始動搖，逐漸退走至彰化縣城；日軍在7時占領八卦山堡壘，並砲擊彰化縣城，城內的黑旗軍由西門往鹿港方向退走，部分則向

南邊退。左縱隊由東門進入掃蕩殘餘的抵抗,並占領西門,追擊往鹿港街道的黑旗軍;右縱隊則占南門,追擊向南邊撤走的敗兵。9時向師團長確認已占領彰化縣城,並派兵追擊潰逃至鹿港、員林、花壇、寶斗、社頭等地的敗兵。

根據日方文獻指出:

> 此日參與戰鬥的近衛師團兵力共有步兵五個半大隊、騎兵二個中隊、砲兵四個中隊(山砲16門)、機關砲二隊(9門)、工兵二個中隊,有1名將校受傷(步兵第一聯隊中村直少尉),下士卒1名戰死(步兵第一聯隊),5名受傷(步兵第二聯隊1名,第一聯隊4名);共消耗子彈27,552發(步兵第一聯隊9,887發、第二聯隊675發、第三聯隊8,510發,第四聯隊8,480發,砲彈127發,機關砲戰數目不詳。賊徒兵力約4,000,擄獲品主要有新舊大砲約40門(實際使用僅為部分),槍枝1,200挺、砲彈約2,000發、子彈20萬發等。[16]

當時黑旗軍的裝備新舊參半,根據文獻,部分武器來自委託美商洋行購買之溫徹斯特連發步槍(Winchester Rifle),騎兵用,可裝彈10發,共150支。部分購自德商洋行毛瑟步槍(Mauser Rifle),可裝彈5發,共200多支,長管左輪手槍(Revolver)一批,原有燧發槍(flintlock)一批,並組成5百多人的快槍隊。甚至也有部分是日本陸軍退二線的武器,是明治十八年式村田單發步槍

---

[16] 許佩賢譯,吳密察導讀,《攻台戰紀:日清戰史・台灣篇》台灣譯叢1,遠流出版事業股份有限公司,1995年,頁246、247。

（11×60mm R）。當時黑旗軍北上支援，架設在彰化八卦山上的是德國克魯伯鋼鐵公司（Krupp AG）的17公分口徑後膛砲。

依據日方文獻所記載：

> 敵兵砲台以石塊砌築壁壘，設置可容一營餘之兵營，並持有重砲1門、山砲1門、後裝砲2門等兵器彈藥，但因未顧及背面之防禦，望見我軍渡河，即倉皇以日本軍壓河而至，輕易地狼狽敗逃。我軍在砲台內擊斃數名殘餘敵兵，並擄獲步槍、彈藥、刀劍、旗等，時為上午七時十分。[17]

圖4　清軍與日軍對照圖
說明如附錄二、圖示說明（二）
圖片來源：中央研究院臺灣史研究所檔案館典藏

當時戍守彰化城之首為臺灣府知府黎景嵩，還有總兵李惟義與黑旗軍將領吳彭年、嚴雲龍，及義勇首領吳湯興、徐驤等人，率領數千名地方兵勇南北聯軍合力守彰化城及八卦山砲臺，並沿大肚溪布陣；日軍僅用2小時就攻下八卦山砲臺。八卦山之役黑旗軍將領吳彭年、管帶袁錦清、幫帶林鴻貴、營弁李士炳、沈福山、團練義首吳湯興皆陣亡；姜紹祖、徐驤彈盡退走，後來陣亡；其餘人退至彰

17　謝國興、呂理政，《乙未之役隨軍見聞錄》，頁152。

圖 5　我軍臺灣府攻擊之圖
圖片來源：國立臺灣歷史博物館提供

化縣城，知府黎景嵩在地方仕紳的勸說之下，知事不可為，為避免眾人犧牲只得撤至海邊搭船離去。日方文獻寫「**在砲台內擊斃數名殘餘敵兵**」，可見黑旗軍雖有部分潰逃，但也有拚戰到底的死士。

依據思痛子《臺海思慟錄》所言：

然軍士從此不能支，潰敗之書，絡繹至府。紳民集府署謂景嵩曰：『民主已遁，接濟全無，公如有把握可以持久，吾輩當死守以報；否則，護送公往臺南乘輪內渡，接倭入城，中路生民當可免於屠戮，此我紳民不得已之為也。公其何以教之？』景嵩籌思，糧餉僅可數日支，因漫應曰：『再死守數日，覷外間有無接濟，倘仍寂無消息，任汝等所為可耳。』紳民呼黎爺而退，蓋感激不可言喻，不覺同聲宣呼以頌之耳。

至七月初九日，餉絕糧空，諸軍一時盡潰。武生姜紹祖戰死於新港，附生吳湯興擊死於大肚溪，湯仁貴、吳彭年俱在府

城戰死。紳民護送景嵩至西螺,接倭入城,臺灣遂失。[18]

日軍進入彰化之後,派兵南下追擊至他里霧(雲林縣斗南鎮)及大林(嘉義縣大林鎮),因遭到義軍伏擊,加上患病傷兵日漸增多,近衛師團能作戰者不及三分之一,要再南進已非近衛師團單一軍力所能完成,於是總督府停止作戰,緊急向本國求援,並準備擬訂南進作戰計畫。

根據吳德功〈讓臺記〉記載:

> 日軍遂召葛竹軒辦糧臺四城總理,並楊吉臣設保良局招安善人,各堡紳董設局保民。辜顯榮單騎由和美線至鹿港,街人因以不大恐。自是日親王滯在彰化街臺灣府署內一個月。彰城設野戰病院,初止患者二百餘人,後數日疫症流行,忽千餘人。患者多在市內鋪戶,病人呻吟。至九月中旬,病勢益烈,師團中健者約五分之一。山根少將、中岡大佐、緒方參謀及其它將校,多入鬼籍。[19]

可見日軍因作戰計畫及部隊編制、武器精良,所以能夠發揮戰力,在彰化之役會戰時傷亡的人並不多,反而是因為瘟疫的關係使部隊大部分的官兵陷於疾病之中。在彰化地區因生病而減少戰鬥力,能作戰者僅有五分之一的人,許多將帥士兵都染熱病。

---

18 思痛子撰寫,《臺海思慟錄》,臺灣省文獻委員會編印,1997 年,頁 13-14。
19 吳德功撰寫,《吳德功先生全集》,臺灣省文獻委員會編印,1992 年,頁 147。

根據《甲午戰爭・台灣篇（五）》描述：

> 我軍陷彰化城後未幾，有令征人聽之斷腸的秋雨，而雨勢如我黃梅雨，凡三晝夜雨聲不絕。蚊蟲白天咬人，旅人拭宵汗，滿城皆然，可嘆入雨天成奇寒，何處無不感到飢寒，單衣不耐，亦非厚衣時節，夜分彷如我鄉秋晚，蟋蟀之聲聞於四壁。雨晴後白日射顏，夜寒透衫，旅枕幾欹，或竹床上反側，不堪懊惱，極覺不順之天候。[20]

師團長為了遠離彰化這塊惡地，曾經計畫派遣支隊前進至嘉義，但總督府擔心重蹈新竹附近的覆轍，因為補給線過長兵力不足，容易遭到鄉勇襲擊，不准其跨越濁水溪地區。

此時近衛師團的軍力因傷亡，已無法再繼續完成征伐臺灣南部的行動，因此暫時在彰化重新整補休養，並等待總督府增援部隊完成後續軍事行動。而總督府在7月中旬時已向大本營要求增援，於是決定從奉天徵調第二師團，再從日本內地調後備隊來臺灣，並且重新訂定臺灣總督府的組織，擴張軍部機關；8月20日任命陸軍中將高島鞆之助為副總督，高島於9月11日抵達臺灣，接受總督府的命令，指示要儘速平定本島南部，並重新組織南進軍，以近衛師團及第二師團為主力。[21] 9月17日訂定最後計畫，決定近衛師團為陸路南進部隊，枋寮登陸部隊為第二師團第三旅團，布袋口（嘉義縣布袋鎮）登陸部隊為混成第四旅團。並決定全部登陸部隊在10月10日前在澎湖

---

[20] 闕正宗編譯，《甲午戰爭・台灣篇（五）—《日清戰爭實記》編譯附劉永福抗日《草莽奇人傳》》甲午戰爭120周年紀念專輯，博揚文化事業有限公司，2014年，頁20。
[21] 許佩賢譯，吳密察導讀，《攻台戰紀：日清戰史・台灣篇》，頁261。

島集合完畢。

　　到9月中旬時，因氣候轉涼，軍中罹病的形勢減緩，近衛師團的戰鬥力得以恢復。於9月24日接獲軍部命令，要求師團從29日開始進行行動，主力部隊需於10月8日抵達嘉義附近；10日前進部隊需至下茄苳庄（後壁區嘉苳里）及鹽水港汛（鹽水區），以配合在布袋口登陸的混成第四旅團。此時南進軍進攻臺南的時機，已預訂在10月中旬進行，一場在急水溪、曾文溪的遭遇戰、游擊戰，甚至會戰即將開展。

圖6　木村周輔所繪八卦山對峙圖（郭双富皮藏）
木村周輔所繪日軍近衛師團與清軍及義勇，隔大肚溪南北兩岸對峙之勢，八卦山上及彰化縣城仍飄揚著大清龍旗。圖右上題字：「**明治二十八年八月二十八日，彰化八卦山戰鬥之實況，近衛師團長北白川宮殿下**」。
圖片來源：中央研究院臺灣史研究所檔案館數位典藏

貳、臺灣總督府接收臺灣初期的統治原則及軍事行動

丁沉溺日本國人之帆板一隻者賞銀
日本將官頭一顆者賞銀貳百兩
敵日本著名將官頭一顆者沁賞銀貳百
敵日本兵丁頭一顆者賞銀壹百兩
以上擊沉船隻及所斬首級俱本縣驗明給

光緒貳拾壹年參月廿

稿

參

1895年臺灣民主國的運作及臺南籌防

參、1895年臺灣民主國的運作及臺南籌防

一、力挽狂瀾：「那一日，龍旗換虎旗」

　　在清國簽下「馬關條約」割讓臺灣後，國際外交干涉無力挽回之下，為阻止日本接收臺灣，在臺官員仕紳於5月15日發表「臺民布告」，以「全臺紳民」之名發電報給總理衙門「圖固守以待轉機」，委請兩江總督張之洞協助向海外轉達人民自立意願；並於5月23日公告「臺灣民主國自主宣言」，表明「**臺民誓不服倭，與其事敵，寧願戰死！**」5月25日宣布獨立，以黃虎為旗，淡水砲臺升虎旗，開禮炮21響，各國駐臺洋商兵艦亦皆鳴砲並升旗慶賀，遂昭告中外，建號永

圖7　藍地黃虎旗
臺灣民主國國旗，為1895年5月23日至10月期間於臺灣建立的臺灣民主國所使用的國旗和國徽，因其樣式為藍地黃虎，又稱藍地黃虎旗或黃虎旗，同日唐景崧發表「臺灣民主國獨立宣言」。藍地黃虎旗呼應清帝國國旗的黃地青龍圖樣，採用藍地黃虎圖。
圖片來源：中央研究院臺灣史研究所檔案館典藏

清,以示不忘大清,同時派員赴北京報告民主國成立過程,表明「**遵奉正朔,遙作屏藩**」。

根據府城教會公報之內容,將臺灣民主國的成立形容為「**那一日,龍旗換虎旗**」,意指清國的龍旗,被替換成了臺灣民主國的藍地黃虎旗,反映了臺灣官紳群起抗拒日本接收臺灣之態度。雖然號稱臺灣民主國,且設總統及議長,但政府架構仍維持清朝的行政體制及封建思想,並無進一步的民主政治作為。

二、臺灣民主國的組成與運作

臺灣民主國設總統府與議院,公舉唐景崧為「臺灣民主國大總統」,以巡撫衙為總統府,並刻國璽及製藍地黃虎國旗,以林維源為議長,原藩司衙為內務部,俞明震任大臣,籌防局為外務部,陳季同任外務大臣、李秉瑞任軍務大臣,並邀劉永福任大將軍鎮守臺南、丘逢甲任團練使、各縣廳依原編制依舊延用,一如原制。然全臺道府縣等官員納印西渡者約150餘人,於5月27日前離臺的還有水師提督楊岐珍及總兵萬國本,撫墾大臣林維源被推為議長,但並未就任。日軍在5月29日登陸澳底,臺灣民主國政府的各級官員,以唐景崧為首,先後前往廈門棄職離去。

臺灣紳民即推舉駐守臺南的劉永福接任總統職務,劉永福雖表

圖8 唐景崧
說明如附錄二、圖示說明(三)。
圖片來源:中央研究院臺灣史研究所檔案館典藏

明抵抗到底的決心，仍以督辦軍務的名義行事，6月27日以「臺灣民主國大總統幫辦劉」之名義，對長老教會發出保護教堂的告示，[22] 6月28日臺南仕紳推舉就任大總統，劉堅持推辭；此時全臺官員願意留任支持的只有臺灣知府黎景嵩及少數官員，劉永福在臺南設有「糧臺」，糧臺乃是當時行軍沿途所設經理軍糧的機構，以此名義發行「臺南官銀票」與「臺灣民主國股份票」等，後來更委託海關稅務司設立郵局，發行士担紙（郵票）、辦理郵政，以籌措抗日經費等，臺南府城當時已是乙未抗日最後的據點。

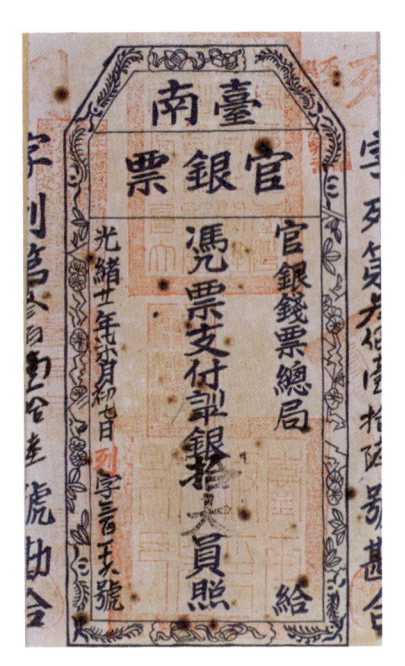

圖9　臺南官銀票拾大員
1895年5月25日臺灣民主國成立，唐景崧就任總統，但日軍登臺即逃亡，臺灣民主國瓦解，南部仕紳乃擁立留守臺南的劉永福繼續領導南部抗日。為籌組經費，以民主國名義設立臺南籌防總局，由陳子鏞任局長，因軍餉開支，而有發行官銀票之議。先以「護理臺南府正堂忠」名義發行官銀票；不久，臺南籌防總局下新設臺南官銀錢票總局，由莊明德任局長，專司官銀票印行，初期發行的官銀票面額有壹大員、伍大員、拾大員等3種，後來又發行一種小額的清錢伍佰文官錢票。臺灣民主國官銀票又稱「劉欽差銀票」，流通至1895年10月21日日軍攻占臺南為止。
圖片來源：中央研究院臺灣史研究所檔案館典藏

---

[22] 主要參考陳怡宏，〈戰爭的再現：1895年乙未戰役駐守臺南時期劉永福抗日形象〉，頁76，註釋17。

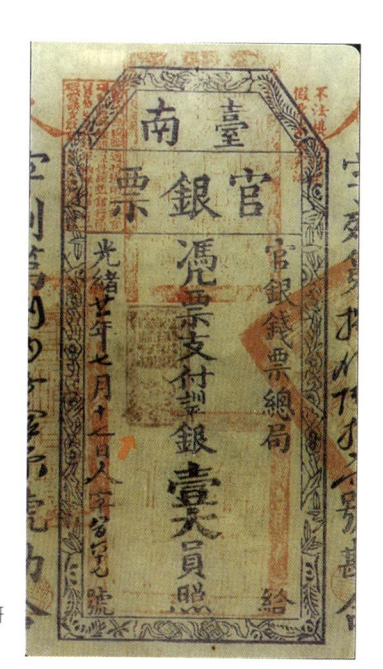

圖 10　臺南官銀票壹大員
圖片來源：中央研究院臺灣史研究所檔案館典藏

圖 11　臺灣民主國士担帋
據《臺灣民主國郵史及郵票》作者李明亮指出，臺灣民主國郵票是 1895 年 8 月任職安平海關的英國人麥嘉林（C. A. McCallum）所創，交由安平海關經營，最初發行的動機是為了替黑旗軍劉永福籌備軍餉，先後發行了 5 種版次（包括試用版），每版發行一套三枚，面值 30 錢、50 錢、100 錢。試用版、第一版至第三版可能的發行時間約為 1895 年 8 月中旬至 9 月初期間，使用至同年 10 月 19 日，第四版則未被使用過。郵票印製方式是以手工逐一蓋印，最後再以另一版模印上面值。
圖片來源：中央研究院臺灣史研究所檔案館典藏

參、1895 年臺灣民主國的運作及臺南籌防　　51

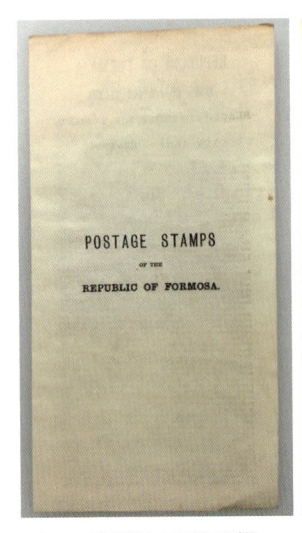

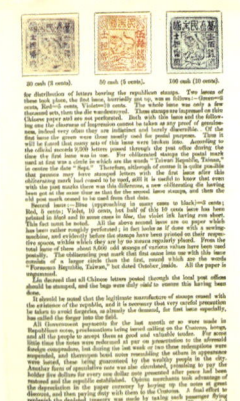

圖 12　臺灣民主國郵票摺
郵票摺為 Davidson 設計,《神戶日報》印行,發行日期不詳,大約是在 1895 年底左右。
郵摺內頁敘述劉永福黑旗軍在臺南收稅的機制與郵票、官銀票發行的過程。
圖片來源:中央研究院臺灣史研究所檔案館典藏

圖 13　劉永福發行郵票實寄郵件
劉永福於安平海關內創設郵政局,共發行過 4 種不同版本的士担帋(stamp)。郵票面額有 30、50、100 錢之分,顏色有藍、紅、紫之別,中印有臺灣民主國的象徵:老虎。郵戳環繞著「Formosan Republic,Taiwan」字樣。本郵件上貼有 3 種面額的郵票和加蓋 1895 年 10 月 7 日的郵戳。本件由臺南東興寄往廈門懷安街 53 號。用蘇州碼子書寫數字,是當時通用的記數符號。
圖片來源:中央研究院臺灣史研究所檔案館典藏

三、臺灣民主國存續期間的各種說法

　　臺灣民主國從5月25日成立，因日軍29日登陸貢寮澳底進軍臺北，唐景崧在6月4日逃亡後，倉促組成的政治結構隨即解體。有些文獻認為臺灣民主國從宣布成立至大總統出逃，國祚僅有11日；有些文獻則認定包括臺南籌防布署及中南部抵抗，至10月21日日軍入府城宣布肅清抵抗，維持長達4個月。這些說法有不同的主張，本章節將歸整討論。

　　有關臺灣民主國成立的日期存在5月23日、24日、25日三種說法。矢內原忠雄所著《帝國主義下の臺灣》中，主張臺灣民主國於5月23日成立。[23]他的依據雖未說明，但5月23日獨立宣言已在街頭張貼。而主張5月24日的是擔任淡水海關代理稅務司馬士，當時民主國將獨立宣言交付他向清朝及國際發布。[24]唐景崧原本預定於25日舉行總統就任大典，並在基隆及淡水砲臺鳴砲慶祝，但因當時有2艘日本軍艦浪速及高千穗進入淡水港，調查臺北周邊的情勢，因此改在25日揭揚國旗，淡水砲臺鳴發21響禮炮。綜合而言，一般認定25日是民主國的成立日期。

　　《臺灣省通志稿》中，關於臺灣民主國創立與終亡的記載如下：

> 西曆一八九五年，陽曆五月二十五日，臺灣民主國正式成立。……建國目的在義不臣倭發揚民族精神，誓行民族抗戰，待轉機仍歸中國……。自臺灣民主國成立以來，歷日代五十一

23　矢內原忠雄，《帝國主義下の臺灣》，東京岩波書店，1929年，頁7。
24　黃昭堂著、廖為智譯，《"台灣民主國"研究～台灣獨立運動史的一斷章》台灣文史叢書，前衛出版社，2005年，頁175。

年間……西曆一九四五年……日軍……投降,自此臺灣光復,其版圖仍歸中國。而臺灣民主國建國目的,完全達成,臺灣民主國,隨之而消滅矣。[25]

通志也認定臺灣民主國是5月25日成立,但其滅亡日期卻推到1945年日軍投降之時,這裡就引出了臺灣民主國滅亡的不同說法,一般討論較多的是「唐景崧逃亡說」、「劉永福逃亡說」,以及本段文獻所論述的「1945年說」等三種說法。

「唐景崧逃亡說」來自大多數的學者認定:民主國的政府架構及行政運作,在唐景崧於6月4日逃離總統府以後民主國就形同瓦解,雖然他仍在淡水躲避幾天再離開臺灣,已經沒有政治統理權,所以一般都認定從5月25日算起至6月4日,臺灣民主國僅存在11天。

「劉永福逃亡說」則是依據唐景崧潛逃出總統府,及民主國的各級組織解散,餘眾推劉永福出來主持大局,使臺灣民主國抵抗局面得以存續,直到劉永福從臺南逃出至廈門,臺灣民主國運作結束。如果依據這個說法,臺灣民主國的存續應該是到10月19日,前後又延續4個多月。當然也有人主張應該以10月21日日軍進城,黑旗軍餘眾投降,才是民主國結束的日子。

總之,唐景崧於5月25日就任大總統至6月4日逃離,後來在6月26日公推劉永福繼任大總統,雖推辭就任,但仍主持大局至10月19日內渡廈門,臺灣民主國的存在、運作共有4個月25天,除了在臺北的11天之外,政治的運作大部分都在臺南,而在各地的武裝抵抗幾乎都是地方鄉勇出面抗爭,帶領的頭人具科舉功名者為黃鏡源、

---

[25] 林熊祥主修,《臺灣省通志稿》卷一,土地志地理篇,第二冊,臺灣省文獻委員會編,1953年,55頁。

黃曉潭、林為恩、姜紹祖、吳湯興、徐驤、林崑岡、沈芳徽、翁煌南、曾春華、鍾春發、許肇清、李向榮等人，有多人在抵抗中身亡；黑旗軍系統第一個陣亡的將領是在頭份率軍反攻新竹的副將楊載雲；在彰化則是吳彭年、袁錫清等人。

《臺灣通史》作者連雅堂的論述中，主張以日軍進入臺南城為基準，或許是他認為劉永福在整個南部的抵抗行動中不是唯一的核心人物，因為有很多地方的領袖出面支持或領導義勇抗日，如陳鳴鏘、許南英、林崑岡，又有許獻琛等7名仕紳組成議院，臺南已是民主國最後的根據地，而且又有組織政府的型態，所以應以淪陷或者潰滅為基準。例如劉永福受臺南仕紳要求，移駐道署，並未以民主國的名義發布公告。[26]

劉永福的軍隊揭舉臺灣民主國國旗，[27]昭示屬於臺灣民主國。劉永福鎮守臺南後所發行的郵票（士担唔）、股份票，上面都以「臺灣民主國」為名，這說明了票券繼承臺灣民主國的政治權力。但是觀察現存臺灣民主國發行的股份票上所印的日期，及官銀錢票總局發行的銀票（鈔票），都不用臺灣民主國的年號「永清」，而用清國年號「光緒」；此外，劉永福的對外公文，甚至對日本軍部求和及對內部所發的公文，不但不用臺灣民主國大將軍頭銜，反而使用清朝官職名銜「大清國欽命幫辦全臺防務記名提督軍門代理福建臺

---

26 蔡爾康、林樂和等編，《中東戰紀本末》初篇，卷四，上海廣學會，1896年。「臺灣自主文牘」收錄。

27 玉造梅子所作「劉永福」詩：「藍地黃虎旗，未揚嘉義北；大和大刀音，響徹嘉義南。」當中亦提到劉永福軍隊使用虎旗的國旗。黃昭堂著、廖為智譯，《"台灣民主國"研究～台灣獨立運動史的一斷章》，頁185。

灣總鎮府劉永福」。[28]這種前後不一的曖昧做法並非劉永福所特有，北部的唐景崧也有同樣的情形。[29]這是因為臺灣民主國建立的官僚體系，都是由清國原有官憲與臺灣晉商仕紳合組的行政機構，在舊有的封建思想裡只是換個行政組織而已，並無立憲維新的概念。

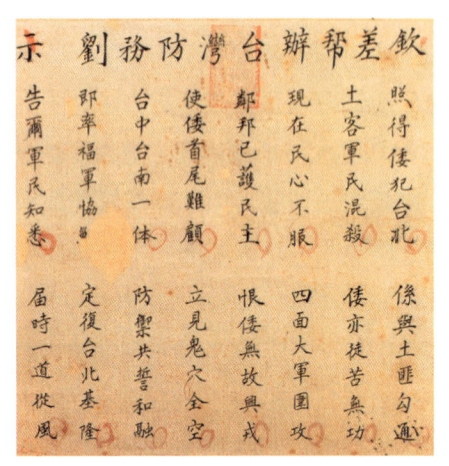

圖 14　欽差幫辦臺灣防務劉永福告示
圖片來源：中央研究院臺灣史研究所檔案館典藏

四、乙未抗日中的劉永福

（一）劉永福簡介及來臺處境

　　劉永福原名義，字永福，號淵亭。本籍是廣西博日縣人，咸豐7年（1857）因參加天地會之亂，而亡命於安南。同治4年（1865），劉永福聚眾於保勝，號稱「中和團黑旗軍」。後來因法國入侵安

28　外務省編，《日本外交文書》第二八卷，第二冊，1937年以降，東京日本國際協會，頁590-1。（附屬書三、附屬書五）即為其例。
29　獨立宣言公布後，唐景崧上奏清廷及各省行文均使用清廷所封官職頭銜，而未用臺灣民主國大總統之職位。

南，12年（1873），黑旗軍在越南擊敗法軍，法將安業（Francis Garnier）亦戰歿，劉永福因而名震中外，然而，劉氏既非清朝轄下的將領，也非安南阮氏王朝之臣。清朝吏部廣西司的主事唐景崧，鑑於安南是藩屬國且涉及廣西的防務，乃收編黑旗軍，籠絡劉永福為提督衛一職，後來又將其調任鎮守南澳擔任總兵官。1894年，閩浙總督調劉永福協助臺灣巡撫邵友濂防務，乃奉旨於廣州燕塘及汕頭招募四營，其子劉成良另募兩營，於光緒20年（1894）8月上旬到臺灣。

9月，唐景崧接任巡撫，劉永福倡議「南北聯成一氣」為臺灣籌防原則，由於其職務係「幫辦軍務」，劉氏乃赴臺北與唐景崧討論防務幫辦事宜，惟兩人意見不合，唐以兩人南北各有節制統領任便行事，已成慣例，臺南地方實為扼要，一定要劉去鎮守。因此議決兩人一文一武分守南北，雖然丘逢甲出面湊合，但唐不為所動，且請劉永福紮守恆春，這也造成後來日軍在澳底登陸，唐景崧出走，民主國潰散，而劉永福在南部主持抵抗大計。

（二）關於劉永福的相貌

根據文獻中有相關記載：[30]

> 據偵察所得結果如下。
> 年齡六十一歲，身形消瘦，身丈約五

圖15　劉永福
圖片來源：《征臺軍凱旋紀念帖》

---

[30] 陳怡宏編／導讀，《乙未之役外文史料編譯（二）》乙未之役資料彙編（三），國立臺灣歷史博物館，2019年，頁348。

尺五寸，額稍寬，有皺紋。鼻高，眼尋常一般。齒白，口小而尖（下巴無鬚，嘴上些許，皆不顯眼）。眉薄，耳稍大，血色蒼白，頰骨隆起。目不識丁，腰挺直不曲。風采略嫌粗鄙，說話緩慢，音量微小，廣東語中混用漢語。

（三）非戰之罪？劉永福的鎮守及脫走

乙未抗日在臺灣中南部由劉永福主持大局，而他在1894年7月26日奉旨「帶勇前到臺灣幫辦防務」，招募粵勇，從汕頭乘坐「威靖」、「駕時」兩輪船，於9月4日行抵臺南。於是建築營寨，砲壘駐守，後來又遣人回廣東再招募四營兵勇到臺。

9月時唐景崧署任臺灣巡撫，兼督辦軍務事宜，劉永福乃自臺南到臺北，和唐氏會商。表明願意來臺北協防，但唐景崧不同意，命劉永福回臺南布署防務，這也注定後來臺灣民主國在隔年5月宣布獨立時，兩人一北一南各自主政，但是當時的臺北不僅是政治中心，軍火糧銀也多集中在臺北。日軍進入臺北後，臺南需另籌糧餉，可說是岌岌可危。

臺灣民主國成立之後，幾乎沒有得到來自清朝各督撫或地方大員的援助，尤其是唐景崧逃亡之後，民主國幾乎等同滅亡。原本被寄望出手支援的有南洋大臣張之洞、兩江總督劉坤一、湖廣總督譚繼洵、兩廣總督譚鍾麟、閩浙總督邊寶泉等東南沿海各省的地方大

圖16　彰化中路營務處懸賞擊殺日本船隻官兵諭告
說明如附錄二、圖示說明（四）。
圖片來源：原圖由洪明章收藏，周芷茹翻拍

員，但因1895年6月7日受到清廷頒布武器禁輸令影響，臺灣民主國在臺南籌防抗日時必須靠地方紳商自力救濟。

其中兩廣總督譚鍾麟最感困擾。因劉永福奉旨入臺幫辦防務，係奉時任閩浙總督的譚鍾麟之節制命令。如今劉永福在臺灣進退失據，餉械俱乏，譚氏乃念之心疼；但在清廷再三禁令之下，又不能出手接濟。這期間譚氏雖然曾以「資遣勇丁」為理由，以協助遣返廣東兵勇，援助劉永福3萬兩，但當時劉永福在南部每月需餉10萬銀員，換算白銀10幾萬兩，實屬杯水車薪。另外，閩浙總督邊寶泉雖每月接濟不輟，但數量無多。劉永福於9月16日派其幕友吳質卿（桐林）到沿海各省告急，但吳質卿內渡籌餉，奔波快一個月，卻找不到援助。

有關劉永福在這段時間的各種動向，可以特別注意到臺灣民主國在臺南時，逐漸外援斷絕；而日軍南下的行動亦對其形成強大的壓迫，事件時程歸納整理依序如下：

1895年

6月13日，臺灣總督府發表關於清國敗兵給資送還之諭告時，劉永福於此日率軍移駐臺南。

6月25日，劉永福請閩浙總督邊寶泉向南洋大臣張之洞請求援助。

6月28日，臺南仕紳推舉劉永福為總統，劉不接受。

7月2日，劉永福率兵丁5百進駐臺南府臺灣道署。

7月5日，由於清廷在5月15日對張之洞等人提出武器禁輸令，因此張之洞拒絕劉永福的請求；

7月11日及17日，劉永福再次向張之洞請求援助。

7月12日，臺南仕紳在孔廟設議院，由許獻琛擔任議長。並設籌防局以陳鳴鏘為局長，許南英為統領，負責食糧和軍費的調度。將臺南防務分為五段，東段林際春、南段吳郭迎、西段李清泉、

北段曾北琦、中段林鴻藻。

7月29日,張之洞回電表示拒絕劉永福及臺灣仕紳之求援。

8月5日,臺南議院決議發行銀票及設立官銀總局,發行官銀票,以為挹注。在安平海關設郵政局,以安平稅務司麥嘉林為局長,發行郵票(士担唔)。

8月19日,劉永福向張之洞再次求援。

8月20日,樺山總督致勸降書給劉永福。

8月22日,張之洞再致電拒絕援助。

8月26日,劉永福致函總督府擬讓臺灣而內渡歸國,總督府則堅持要求投降。

10月8日,劉永福致函臺灣總督及常備艦隊司令官請和書。

10月10日,混成第四旅團自此日起至13日從布袋口登陸,劉永福委託英國領事向高島副總督提出談和事宜。

10月11日,高島副總督回函拒絕談和要求,第二師團自即日起登入枋寮,劉永福另修一封請和書,請英商人希士頓交付近衛師團長,也被拒絕。

10月12日,劉永福在安平、打狗砲臺舉白旗,派代表登上旗艦吉野號會商,軍司令官回函要求應於13日上午10時親自前來會商,以示誠意。

10月13日,劉永福派員送信於軍司令官,表示將退入內山繼續對戰。

10月15日,日本艦隊砲擊打狗砲臺,第二師團進逼鳳山。

10月18日,日軍在鐵線橋向東及向南推進掃蕩,義首林崑岡陣亡竹篙山。

10月19日,劉永福率親兵至安平加強防務;隔日清晨搭乘英國輪船前往廈門。

10月21日,第二師團進入臺南,海軍陸戰隊進入安平,收繳黑旗軍

武器。

10月22日,南進軍司令部進入臺南,投降黑旗軍近6千人集中在英國領事館,被遣返廈門。

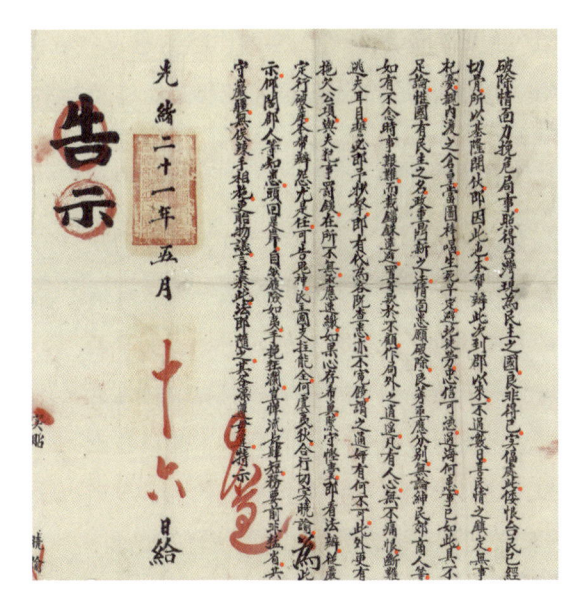

圖 17:曉諭臺灣人民告示
說明如附錄二、圖示說明
(五)
圖片來源:中央研究院臺灣史研究所檔案館典藏

五、在臺南的黑旗軍最後命運

臺灣民主國在臺北的敗亡,意味著清朝挹注的戰力與資源不復存在,其領袖的脫走與解散過程中,軍隊抵抗的意志也迅速瓦解,甚至由官兵變匪徒,日軍還張貼敗兵處分諭告,以收降敗兵。另一方面,臺灣中北部的鄉勇展示了堅強的抵抗行動,持續頑強地對抗日軍的南下接收;彰化之役是黑旗軍與日軍的一場正面會戰,可惜潰敗逃亡,日軍直攻嘉義之後,南進軍分二路進入急水溪流域及鹽水溪流域,劉永福調遣黑旗軍各營砲隊前來支援,然而,在兩軍接

觸時，黑旗軍部眾立即脫離戰場，將大砲武器交給了當地鄉勇操作，如竹篙山之戰（學甲區南1線接84縣道）和曾文溪庄之役（善化區麻善大橋南側）的戰事中，甚至還出現了日軍與鄉勇互相砲擊的情形。從這些日軍的文獻可以看出：直到日軍進逼之前，雖然劉永福看似有效的指揮黑旗軍，但其實軍隊已失去持續作戰的意志。

劉永福在臺南主持民主國最後的抗日格局，最初還能維持社會秩序，根據史料記載：

> 最近進入臺灣（南）府之一名外國人，八月二日半夜出門納涼順便於街上散步，四處運動。正當此時，夙來警備突發狀況之黑旗軍十數名自某處現身，包圍該外國人，欲強制帶其至公所。外國人抗辯稱毫無遭拘拿之理由，然因自前後左右遭槍矛抵制，刻不容緩，故覺令抵抗亦毫無效果，便被拖至首領劉永福面前。如此這般接受種種審問，終知此人初乍到本府，未稔以往劉所公布之本府地方法令，不久便釋放返家。劉如此盡力於確保秩序，外僑皆讚賞此小共和政府之法令秩序甚為嚴明。[31]

從以上情形可得知，8月2日日軍還在新竹北部的時候，在臺南的民主國之運作尚能維持社會秩序。

10月初日軍進逼臺南時，黑旗軍已失去作戰的意志，雖接受劉永福的軍令派遣前往急水溪、曾文溪地區增援，然而，當日軍布署開始進攻時，黑旗軍交大砲給反抗軍帶著槍桿就向後撤退；並且回

---

31 陳怡宏編／導讀，《乙未之役外文史料編譯（二）》，頁180。

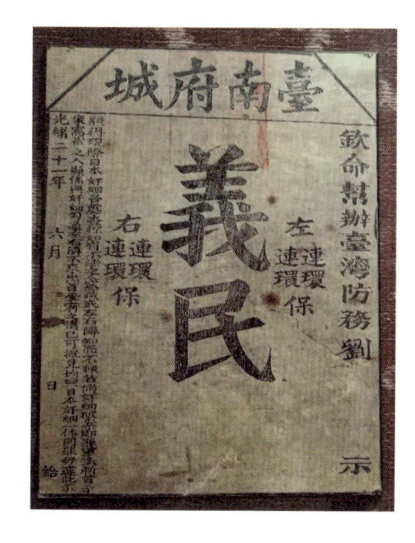

圖 18　劉永福發放臺南府城義民牌
臺南府城
欽命幫辦臺灣防務劉
左連環保
義民
右連環保
照得現除日本奸細各處查探如有不法之人窩藏或左右隣知而不報倘奸細破案即照軍法斬首
眾窩藏之人顯係與奸細溝通左右隣不來出首受宥之情已可概見均與日本奸細一体同罪毋為此示
光緒二十一年六月　日　給
圖片來源：原圖由洪明章收藏，周芷茹翻拍

到府城向街市商家勒索，有些大戶人家關門避之唯恐不及，或暫時離開，後來臺南有流行3首歌謠在敘明這些情形，其中第3首為：[32]

劉欽差用計無采工，蒼蠅變蜜蜂，蚯蚓變蜈蚣，大厝走空空，臺灣變番邦，日本無頭鬃。

由於劉永福是奉旨幫辦臺灣防務的官員，因此被稱為劉欽差，臺灣民主國在臺北敗亡之後，劉永福在臺南指揮調度，設團練局發行股票、郵票，籌措軍餉、爭取外援，用盡許多方法，然而這些終因日軍進逼，情勢窘迫而內渡，因此所有作為都失去作用成為泡影，所以稱他為「劉欽差用計無采工」。

---

[32] 石陽睢，〈臺南歌謠三首〉，《臺南文化》第二卷第三期，臺南市文獻委員會，1952年，頁65。

至於「蒼蠅變蜜蜂」，是指有些黑旗軍先前只是藉口保護秩序，登門伸手要些錢糧，後來變成破門搶錢，原本令人討厭的蒼蠅，變成會螫人的蜜蜂。「蚯蚓變蜈蚣」也是同樣的意思，原來是軟趴趴的蚯蚓，什麼爛泥都可以窩的，變成會咬人有毒的蜈蚣；表示黑旗軍露出兇惡的面目，藉口要回鄉需路費，登門行搶，因此「大厝走空空」，那些生意人只好逃避至鄉下，或乾脆坐船內渡廈門，內渡也要交錢買民主國的股票或郵票才能離開臺灣。

最後兩句「臺灣變番邦，日本無頭鬃」也頗有無奈之意，既然朝廷割棄，家國淪亡、社會秩序一時敗壞，不然就讓講法理的日本人來統治，至少還可安家立命。末一句是強調日本人都是短髮或理光頭，便於整理容貌；而臺灣人深受倫常教誨，身體髮膚受之父母，都是留著長髮編結成辮，自許禮義之邦。成為日本國民就要剪掉辮子。這二句話夾帶著怨嘆無奈的複雜情緒。

這三首童謠都跟乙未抗日以及地方的人物有關，歌謠內容有褒有貶，頗能顯現日人來臺前後臺南地方的民情動態，第一首為：

步梯再來天有眼，克承不去地無皮。

解析如下：

「步梯再來天有眼」，陳步梯初任臺灣縣知縣時，在任內善愛黎民，後因臺灣改制，將臺灣縣改稱安平縣時，於光緒15年（1889）再蒞臨該地做知縣，愛民如舊，故有此語。

「克承不去地無皮」，范克承於光緒17年（1891）任安平縣知縣時，在任內法嚴賦重，百姓不滿，故民間有此謠傳誦，描述官府苛重稅彷彿地面被刮了一層皮。

陳步梯，字子岳，原籍廣東大埔，光緒15年（1889）任安平

知縣，他於19年（1893）在澎湖就任臺南府糧捕海防通判，為正六品，總管澎湖之軍事政經。1895年3月23日，來自日本廣島混成支隊的5千5百名日本軍隊登陸澎湖，陳步梯雖統轄陸師12營、砲兵2營、水師1營，人數達5千人以上，但卻無法抵抗日軍攻勢，讓日軍兩天內控制澎湖全島。6月，陳步梯因失守澎湖的嚴重失責，被閩浙總督邊寶泉逮捕審明為斬監候。不過在秋決前，獄中候斬之陳步梯以「未有兵柄」理由，遭減刑下刑部議。

范克承，字繼庭，雲南省大理府太和縣（今大理市人）。光緒12年（1886）登進士，同年5月，著交吏部掣籤，分發各省以知縣即用。14年（1888）接替沈受謙，兩度擔任臺灣府臺灣縣知縣。是為改制安平縣後首任。任內以「百個紙枷」的故事傳奇著名。

依據連景初在《臺南文化》第八卷第三期〈百個紙枷〉敘述，范克承為人相當耿直，在地方頗有官聲：

> 「范為人耿直，對地方宵小之徒，絕不寬貸，殆有偷駕當偷牛辦之勢，宵小怨之，為之語曰：『步梯再來天有眼，克承不去地無皮！』（陳步梯為前任縣令）。一日范坐大轎外出時，頑皮小孩，會投石擊轎，范甚惱，遂揚言將在縣內做一百個紙伽，以拘頑童，一時頑童畏懼，不敢外出。范對當時臺南蓄婢風氣之盛，大為不滿，曾於光緒十五年立「嚴禁錮婢碑」，一豎於大西門邊，一豎於安平路口，現安平路口之禁婢石碑，已移存市內碑林。另一移赤嵌樓畔。」[33]

---

[33] 連景初，《臺南文化》第八卷第三期，〈百個紙枷〉，臺南市政府，1968年，頁32。

第2首為：

有孝有義許南英，烏鬚孝子陳望曾；棄妻寵妾徐榮生，謀財害命鄭超英。

解析如下：

「**有孝有義許南英**」，許南英，號霽雲，光緒16年（1890）進士，時年36，20年（1894）入臺灣通志總局，協修臺灣通志，凡臺南府屬底沿革、風物，都由他彙纂，甲午戰爭起任團練局統領，隨劉永福抗日。日軍入臺南，懸圖遍索先生，先生命眷屬遣散積產5萬餘金與部下，携子姪避居揭陽，後至漳州，先生稟性孝友，因此臺民稱其「**有情有義許南英**」。

圖19 許南英
圖片來源：許南英曾孫許鋼先生（漳州）

「**烏鬚孝子陳望曾**」，陳望曾，字省三，同治13年（1874）進士，後出任廣東雷州、韶州、廣州知府，迎母至粵奉養，母嗜觀正音劇，常請福海劇班在其邸內排演，以娛其親。每有鄉人來訪即力邀多留住時日，以使母得鄉音共娛，因此有此詞讚其事母孝。

「**棄妻寵妾徐榮生**」，徐榮生，臺南出身貢生，寵愛姬妾，離棄髮妻故云。

「**謀財害命鄭超英**」，鄭超英，號拔甫，福建永春州人。光緒16、17年（1891、1892）任安平水師副將。先前官任臺灣道標都司，「少時與楠梓坑的土庫（地名）土匪首鄭相，鄭青結為金蘭兄弟，時常盤桓酬送，後因鄭相訟案累累，官府無從捕捉，當道察其情，密諭鄭超英偵緝該犯鄭相，鄭超英用計宴請鄭相，席間將鄭相

捆轉解縣,案結依法將鄭相斬首示眾,為此有功,鄭超英擢陞安平協臺(臺灣水師副將)之職。」[34]這首民間歌謠在批評鄭超英,其實官兵捕捉強盜此乃正務,因兩方事先相熟而用計捉拿引起民間不同評價。後來臺灣民主國成立,鄭超英不知所蹤,其後人皆稱劉永福命其守安平而陣亡,然史料未載,細查日軍文獻記載10月21日在安平時於鎮渡頭確有發生一場戰鬥,戰鬥詳報僅記錄陣亡黑旗軍人數,並無名單;後來臺灣文獻也未見相關事蹟。

而在明治31年(1898)總督府致臺南縣知事的公文書裡出現「臺南城內開山神社之附屬財產金需四百圓交由鄭超英保管」的文字,因此鄭超英是否死於乙未抗日,仍有待詳查。

---

[34] 石陽睢,〈臺南歌謠三首〉,《臺南文化》第二卷第三期,頁65。

肆

日軍進入臺南戰場前的時局情況

肆、日軍進入臺南戰場前的時局情況

一、有關總督府招安政策產生的作用

　　臺灣總督府統治方針試圖以招安政策，消除地方鄉民的對抗，透過官方文書的宣告，再藉由地方耆老、紳民出面招撫反抗勢力，使其服從於總督府的統治。這些政令的發布直接影響著臺灣社會的秩序、經濟發展以及人民的生活。先是8月5日在公布軍政時設置保良局，後來辦理饗老會等措施用以安撫民心，反映總督府對於維持地方社會安定的策略。此外，對仕紳實施攏絡政策也是總督府統治方針的一環，如邀請擔任行政官制之下的參事一職，類似咨詢顧問納入體制藉此示好，以消除地方仕紳的反抗意識，鞏固其統治的合理性。

　　日本統治者的政令如何傳達給人民呢？人民如何了解總督府的統治方針？在軍事行動之初一般以公告文書宣導，或藉由商行、洋行、領事館等管道來傳達給各地的民眾。當日軍肅清反抗勢力，進入城鄉之後，即會透過地方紳民傳達統治者安撫的訊息，並透過集會宣導政令，因此原先地方社會的耆老、商紳、廟宇的主事者，扮演著日軍進駐地方時維安的重要角色，包括協助徵糧或救護。

　　有關招安或安撫地方的工作，在《見證乙未之役》一書中有段敘述如下：

> 所謂於鹽水港葉家大厝乃「葉連成」商號葉開鴻家族的居所。

葉開鴻來自福建泉州，育有四子，葉瑞西、葉百畝、葉春庭與葉澄波等。「葉連成」商號以製糖為業，兼做兩岸貿易，以黑糖交易對岸的絲綢、福杉、磚瓦、石條等。貞愛親王住進葉家大厝的第三進，即俗稱「八角樓」的建築。葉家長子葉瑞西（1840-1912），又名「萍香」，曾中過秀才，官拜五品同知，日本征臺軍在鹽水地區發放的「良民證」即委由葉瑞西代行辦理，此舉亦讓鹽水地區避開無謂的誤會與衝突。日治時期，葉瑞西曾歷任保良局長、臺南縣參事、嘉義縣參事等職務。以地方鄉紳之姿，受到日本當局的敬重。[35]

圖 20　臺南鹽水八角樓，1895 年（James Wheeler Davidson 攝影）
1895 年 10 月 11 日時日軍進占鹽水港後，12 日伏見宮貞愛親王寄宿於葉瑞西宅八角樓直到 10 月 18 日，再南下至臺南城外開元寺。葉家宅邸在 1935 年因市街改正而拆除第一進。1942 年地方政府計畫將八角樓改為「伏見宮貞愛親王紀念館」，並拆除第二進，於庭中豎立「伏見宮貞愛親王御遺跡鹽水港御舍營所」石碑紀念。戰後八角樓歸還葉家，紀念石碑葉家後人以水泥掩去字跡，至解嚴後刮除水泥重現字跡。
圖片來源：中央研究院臺灣史研究所檔案館典藏

35　林呈蓉，《見證乙未之役》，五南圖書出版股份有限公司，2024 年，頁 126-127。

上述例證可見，貞愛親王進駐鹽水八角樓，目的在結交地方紳商，使葉瑞西成為傳遞統治訊息的代言人，後來總督府依原來清代的行政官制設臺南縣時，還聘請其擔任參事，改制為嘉義廳時，葉仍然擔任參事，[36]使他可以維持與地方行政長官的溝通與互動。

二、謠言及失真訊息帶來的影響

日軍南下征伐，與鄉勇對戰的訊息流傳各地，這些資訊並不完整，甚至謠言四起，例如日軍占領時的統治政策。訊息的流通由於受到戰爭阻隔的影響，大部分是口耳相傳，訊息傳達不準確，結果引起很多不必要的對抗或衝突，使得總督府在7月25日時發布前罪寬赦令，「匪類捏造謠言，煽動愚民……，造謠擾鄉者，一經查出，立加誅戮，決不姑寬。」亦有基督教眾人與鄉民因謠言而發生衝突。

例如蔴豆事件，起源於在日軍要來接收臺灣之時，謠傳基督教徒不支持戰爭。有消息說日軍在1895年3月占領澎湖時，馬公城外禮拜堂的講道者林學恭曾在臺南居住，日本官員命其引導日軍進入布袋口（嘉義縣布袋鎮）以南的道路，因此引起蔴豆鄉民的不滿，認為這些基督徒是「吃教的通番」，而且認為有些教徒製作白旗，計劃在日軍進入市街時舉旗表明立場，這是勾結外人的行為，於是引發衝突，鄉民伺機在10月13日搗毀蔴豆禮拜堂，至14日共殺害13名基督教徒，外加五名被連累致死的教徒之親友。[37]

---

36 參事的職務類似今日的顧問之職，是日人實施統治方針、管理政務的諮詢對象。
37 《臺灣總督府公文類纂》收錄被害者名單計十八人；《臺南府城教會報》指出受害者共十九人。

在甲午戰爭結束清朝割臺之後,雖然全島有電報互通消息,並且展開串連抵抗日軍接收的各種行動,但日軍南下引起武裝衝突,口耳相傳的戰報非常多而且難以查實,加上各地鄉民因為漳、泉、客籍的地域觀念不易準確溝通,各地方互相傳遞有關日軍的訊息並不完整;這些不確定性和片段失真的資訊,加上鄉民的知識程度普遍不足,與日人又有語言的隔閡及不信任,因此引起許多被流言所誤導的激烈抵抗。

依據日軍在臺記者的報導內容如下:

> 抗日統領所發布的文告傳播四方,宣稱日軍要求所有的人都必須捐獻,不但豬、犬、貓、鵝、雞都無法倖免於稅;而且漢人必須門戶洞開,聽憑征服者取所欲取,就連婦女也要讓日本兵士為所欲為。民眾毫不遲疑地相信文告所說的一切,這也驅使民眾急速的動員起來,於是,連日軍平日據守占領的區域,不時都會遭到襲擊,也就不算是什麼稀奇古怪的事了。[38]

這段報導反映出當時的時空背景與情勢之下,信息的傳遞可能受到限制,且容易產生誤解或誤傳情況。

日方文獻亦記載當時臺灣歌謠之觀察:

> 近日來自台灣土匪之罪魁等作為煽動愚民之手段,所流傳之謠言如下:禁洋菸、毀祖先、剪髮入籍、毀竹園、婦女許借、死人燒灰、門戶不准關閉、非入籍者不准營業。[39]

---

38 許佩賢譯,吳密察導讀,《攻台戰紀:日清戰史・台灣篇》,頁39。
39 陳怡宏編/導讀,《乙未之役外文史料編譯(二)》,頁243,〈臺灣の唄言〉,《東北新聞》,1895/9/20。

「禁洋菸」即是禁抽鴉片，因為當時臺灣抽食鴉片者，包括仕紳富商、販夫走卒將近20萬人，這個說法讓很多人覺得恐慌。「毀祖先」則是不准祭拜祖先；「剪髮入籍」就是不准薙髮，需把辮子剪掉，除去清朝人的象徵才能入戶籍；「毀竹圍」不許有圍牆做防禦隔離設施，影響治安管理；而且「婦女許借」是指婦女也可以被日人徵來使喚借用；「死人燒灰」則是和日本人同樣習俗必須火葬，這一點使臺灣人更生反抗之心，因為傳統習俗認為人死了應該留著全屍才能上天堂見祖先，死了還要烈火焚身，有違孝道，而且會下地獄；「門戶不准關閉、非入籍者不准營業」指日本人會實施嚴格的治安規則，為了統治者便於管理，會有以上的要求。這些歌謠內容並非真實，雖然日本國內確實禁鴉片、實施戶籍登記，並且普遍火葬，但總督府統治臺灣是否會實施還未定，可是形成謠言之後人心惶惶，加強抵抗的決心。

　　綜觀言之，日本明治維新學習西方法治精神，制定憲法，尤其是落實公法與私法的執行。雖然明治維新後日本也有擴張周邊琉球群島及北海道的領土，但這些地區與日本有長期的歷史關係及互動，此次從戰爭中取得清朝的土地進行殖民，是日本帝國從未有的經驗，也是亞洲國家首次取得海外殖民地，其統治結果會被列強視為是否具有躋升為現代國家的指標，因此臺灣雖是新征服的土地，臺灣總督府仍依日本國會授權而設立，也依法制定法律統治臺灣。

　　因此總督府入臺之初即表達統治臺灣住民的基本原則，例如：依據「馬關條約」，給予2年的期限，保障財產物業及准許變賣產業退出界外。日軍進入臺北時，頒布招撫敗兵的告示維持社會秩序，後來揮軍南下陸續發生大規模鄉勇反抗事件，顯現臺灣人民對日本統治方針的不理解，以及不願意屈服異族統治所產生的抗拒心理。同時也有許多無辜人民被捲入戰爭砲火而犧牲，為了避免擴大南征軍的傷亡，

並應對各地反抗日本統治的浪潮,因此總督府擬訂了各項招撫諭令及告示。

以下列舉臺灣總督府各項諭令及招安政策之告示及時間,以對照說明日方弭平各地武裝對抗的進程及政治措施。

5月29日,發布第一道諭令「**樺山總督統領幕僚入台之際,聽聞暴徒企圖抵抗,水野長官即發告文**」,告知臺灣各地民眾從來自管有之田地家屋等,秋毫不犯,永遠仍舊。臺灣總督府第一任長官水野遵曾留學大清,深知安撫民心的重要性,了解對於民間抽食鴉片及各種習俗的處置皆需得當。

6月2日,發布第2道諭令「**樺山資紀始入基隆港時即發諭告**」,公告大清國割讓臺灣的範圍。6月,發布第3道諭令「**基隆戡定後之敗兵處分諭告**」,則是收降敗兵,並限定6月30日申請,同時也警告各市各村百姓不得藏匿敗兵,否則將同罪處罰。後來日軍在10月21日進入臺南時,也以這道諭令的做法收容敗兵於安平並遣返。

7月,頒布第4道諭令「**台灣人民軍事犯處分令**」,由於在新竹戰事受到沿線鄉勇的抵抗及破壞,因此這道諭令的第一條「**台灣人民,於犯左之條目者,罪當死刑。**」目的在嚴厲警告這些參與及幫助反抗日軍的鄉民,第3條說明「**前條所揭之處分,於軍法會議所,或是台灣總督府民政局,斷之。**」說明處分令的執行並未經過司法審判,仍屬軍法管理的狀態。

7月,第5道諭令是「**雜稅免除令**」,除了海關應徵諸稅暨官租之外,蠲免本年全臺澎湖,各地民間錢糧及諸釐。這道諭令最重要的是廢除各項釐捐,這原是清朝官府勾結地方豪強藉故私設的陋習,造成百姓苦不堪言,這道諭令免稅廢釐,確實有收買人心的作用。

7月25日,發布第6道諭令「**前罪寬赦令**」,由於總督府發現民間流傳不實謠言,有些民眾被逼脅煽惑,因此,「**其情有稍可憐**

者,茲本總督特加恩寬宥」,並且強調,「而至如謠言,總是妄誕無根」,為使民眾勿再受其煽惑,致誠歸順者,一切寬赦不究,「倘咎有頑冥不悟,造謠擾鄉者,一經查出,立加殊戰,決不姑寬宥。」可見當時謠言確實造成日軍軍事行動的阻力,這道諭令也可化解各地鄉民抵抗的意志。

7月31日,發布第7道諭令「鹽禁解除令」,廢除鹽的官辦政策,因為清代鹽務為官辦,其實皆是地方豪強把持,壟斷其利。「自示之後,無論鹽販食戶,概行自買自賣,以使民生。」這項政策如同「雜稅免除令」及「前罪寬赦令」,都可以達到安撫民心的作用。

三、保良局的設置及作用

1895年7月,臺北地區的仕紳鑑於城外各地仍有鄉民騷擾事件,於是向總督府呈遞了一冊期望書,建議設置安撫紳民的臨時性機構。日軍在8月初集結於新竹準備第2次南進作戰之時,發現已征討統治的地區在日軍撤離後還是會發生騷擾破壞,於是8月5日總督府即下令設保良局。[40]依據日人喜安幸夫《台灣抗日秘史》,保良局的作用歸納如下[41]:

> 在此期望書言:「為上命下達,防止謠言之四播,維護良民財產安全,希望在台北適當地方,設置保良局」。另言「一切的民情,希望由該局其陳。勿有上下的隔閡。」

---

[40] 〈保良局設置認可、保良局章程認可、保良局存續〉,國史館臺灣文獻館文獻檔案。
[41] 喜安幸夫,《台灣抗日秘史》,武陵出版社,1984年,頁64-66。

總督府認為此為上情下達之機關，在行政上來言是很適當的，乃於八月五日允准此保良局機關之設置。

　　此保良局對於初期日本統治台灣有莫大幫助。同年，九月下旬，總督府還頒布了獎狀和獎金，同時予以讚言：「由於台灣紳民設立之保良總局是官民合作之機關，也是下情上達之關鍵，在民權實行上和逮匪徒上裨益頗多。」此機關也可言總督的御用機關，那麼為何台灣人方面還希望當局設置呢？看了保良局之章程便可明瞭。章程上言：

一、有關訴訟：若生命財產有蒙受冤屈時，分局可派公正之人送到總局審查，向政府上訴，設法免除冤罪。

二、各兵士等在城市、鄉村裡，因言語隔閡、情意不達而有所誤會，因而虐待良民，可由當地分局向總局告訴，向政府報告。

三、局中仕紳可以向政府請求申請在門上掛一門牌，以便識別。使兵士軍署們除了公事外，不可以亂闖民家。換言之，勿如昔者隨意審判，草菅台灣人的性命。

四、在城市、鄉村間，由於言語不通，而對居民動粗或搶奪財物，可向當局報告予以追查。

　　根據〈保良局設置認可、保良局章程認可、保良局存續〉[42]的文獻資料分析，保良局在當時是臺北地區社會領導階層試圖做為官民之間的媒介，一方面負責維持社會秩序，另一方面代表民眾與官府交涉，保護良民免於受日軍無端侵擾或加害，同時透過官府的核給

42　〈保良局設置認可、保良局章程認可、保良局存續〉，國史館臺灣文獻館文獻檔案。

肆、日軍進入臺南戰場前的時局情況　　77

門牌、照之認定，重建在清代社會之特權和地位，要求日人給予尊重。總督府在試辦之時，由於對臺民的風俗習慣並不熟稔，保良局成為官民溝通平臺，確實使北部民心稍定，也消弭降低了民眾反抗日人的情緒。

在試辦期滿後，臺灣已實施民政，在施政上難免有些利益弊害，而且經費也難以維持，1895年10月時臺灣總督府針對保良局存廢問題提出討論，因此在達成階段性任務之後，1896年總督府廢止保良局。[43]

日軍在進入臺南地區作戰時，對於已占領或表示歸順的村庄、街市，都會找地方的頭人耆老來發放「良民證」，例如在前文所提到的鹽水葉瑞西。雖然總督府在南部並沒有設置保良局的機構，但拉攏安撫地方鄉紳藉以維持秩序的做法是相同的。

四、日軍進入臺灣面臨的挑戰

（一）「水土不服」：對於氣候及疾病的挑戰及適應

臺灣天氣炎熱、飲用水不潔、病媒蚊肆虐，三者交錯造成風土病，成為日軍征臺最大的考驗。以征臺主力的近衛師團而言，上至統帥北白川宮能久親王、山根少將、中岡大佐、渡部中佐、緒方中佐等高級軍官的死亡，下至官士兵幾乎無一倖免。1895年11月5日在臺南舉辦的招魂祭即有記錄：「**來台之近衛兵前後共1萬餘人，與敵作戰計大小60戰，而入台南城時，將士實不過3千餘人，其大半死於砲彈和疫癘。**」[44]日方面對臺灣的瘧蚊的防範可說想盡方法，睡覺掛蚊帳

---

43 〈保良局設置認可、保良局章程認可、保良局存續〉，國史館臺灣文獻館文獻檔案。
44 謝國興、呂理政，《乙未之役隨軍見聞錄》，頁206。

是必然的,夜間在外站崗的士兵還戴頭帳,全身包得密不通風以避免被蚊子叮咬,但是天氣的酷熱及不潔的水源仍待克服。

根據《乙未之役外文史料編譯》,以下文獻中可見日軍對於臺灣酷熱天氣之不適應:

> 台灣總督部(府)早已成軍事組織,最近曾往總督部(府)與二、三知己聚會,該部(府)某些部分事務繁忙令人痛苦,但其他則蟄居於百度以上之暖熱中。近來因畏懼寒氣暑熱而遞出辭呈者甚多,然未批准。嗚呼!武官文官皆同為日本人,武官明知其於此120度仲夏中奔走山澤,竟然如上般遞交辭呈。縱感不便,苦於暑熱,亦應稍加忍耐。[45]

在日本軍對臺灣的征戰中,戰鬥並非造成大量傷亡的原因,士兵的死因主要是染疫和水土不服。舉例來說,在3月的澎湖之戰中,大批士兵因染疫而喪生,整支軍隊陷入集體染疫的困境,根據《乙未之役隨軍見聞錄》所述:

> 日軍在進攻澎湖的過程中,實際作戰陣亡人數極少,多數人員是患病而死。早在軍隊從長崎佐世保出發之際,士兵中便已出現霍亂病例。占領馬公城後,病勢加速蔓延,病死者逾千。[46]

---

45 陳怡宏編/導讀,《乙未之役外文史料編譯(二)》,頁156。
46 謝國興、呂理政,《乙未之役隨軍見聞錄》,頁57。

綜上所述，染疫生病造成傷亡，預防與治療是日軍在臺灣征戰中重要的挑戰，疫情不僅影響了士兵的戰鬥力，作戰計畫及戰術上也必須作出相應的調整。

日軍後勤支援及醫療看護原本有一套完善的制度，但並未料到臺灣的風土病嚴重打擊日軍戰力。從1895年3月占領澎湖，到10月進占臺南，日方皆是每到一處即設野戰病院或救護站醫治官兵。日軍在澎湖的疫病之戰，在《征臺始末》中亦有相關敘述：

> 誰人曾言：「悲慘非來自戰爭，戰爭之慘烈猶帶壯烈之氣，而惡疾肆虐，未得馳騁沙場，壯志未酬身先死，兵士豈堪此等命運？」縱然敵軍百萬，我王師亦無所畏懼，卻對此無形之敵無可奈何。死者與日俱增，缺乏軍醫及看護，隔離病院亦不完善。軍夫數量減少而所需藥品與先備藥品不同，幾乎告罄；入寢時無棉被亦無草蓆，無所憑依，惟於海砂上輾轉反側。若夫大霧濛濛，夜氣襲人，於茫茫海砂上徹夜受凍。健全之人尚且難為煎熬，何況垂死病患。2人共用1張毛毯，3人共服1瓶藥。欲飲一掬水，亦不可得，水少人多，惟苦痛輾轉，未進滴水，即黯然逝去。嗚呼，豈非人生最大慘事？男子生來，國家有難應征入伍，若有幸報效國家，雖一死而無憾，死雖有輕如鴻毛，然置身戰場，未曾一展拳腳，未射一箭，未得馬革裹身，惟葬身水中，焚於穴內，誰言此非人生最大恨事？
>
> 混成隊爆發霍亂之際，恰為佐世保軍港出發後一日之間。鹿兒島丸上1名軍夫劇烈嘔吐腹瀉，驟然死去，此即首例病死之患者。翌日，1名兵士亦嘔吐腹瀉致死。爾來該病漸次蔓延，兵士軍夫等死於此病者甚眾，登陸裡正角之前已達30餘

人。船中已然如此。一旦登陸，迎面襲來瘴癘之氣，病患亡者劇增。最終，二十五日於裡正角設立隔離病院。該隔離病院有外谷部、嶋田兩位海軍軍醫官、醫務人員坂井彌五郎氏及其他看護長、看護等，各盡其職。又於馬公城內設隔離病院。於寺院或露天設隔離病院，患者哽咽不已，呻吟聲數町之外猶可聞，其慘況難以名狀。

如斯，陸兵軍營一舍有6、7人或8、9人。今日一舍之人皆健全無恙，而明日檢查之際，全舍人皆頭靠牆死去，死屍累累，數以百計，極盡人生所有之悲慘。惟可讚歎之事即比志嶋枝隊長之舉動，值此險境，仍每日巡視病患，不懈不屈，每每出門之時，必曰：「吾再行前往，以身試險。」深感隊長已下定必死決心。嗚呼，武人失去奮戰沙場之機，而今隊長關愛挺身與瘴煙癘霧抗爭之部下，並視如親人，但如君之大義凜然，以身試險者，能有幾人。島中僅此一人矣！為兵士足以一死乎？[47]

以上文獻說明，日軍面對疾病藥品缺乏及醫護不足的窘況，且士兵臥病死於榻上，並非戰鬥而亡。在8月日軍進軍彰化時，士兵也深受這些疾病的傷害。師團在8月炎炎夏日於彰化野營露宿，很快就遭受了傳染病的襲擊，軍醫忙於救治，狀況類似於之前在澎湖島的情況。師團兵員大量感染風土病，導致戰鬥力大幅下降。

《見證乙未之役》一書中更可以互相參照日軍染疫的情形：

---

47 香風外史（市毛淺太郎）編著，楊承淑、黃雪琴譯，《征臺始末》，頁161-162。

而在異地他鄉的前線戰場上，要為傷病戰友進行醫療行為，實非易事。反抗勢力占領民宅，從銃孔發炮攻擊，其周圍多有土壘、石籠，加上密林圍繞，而四面盡是水田，可謂是易守難攻。日軍衛生部員身處重重險境，難以攜帶醫療器材行動，僅能隨身準備少數簡易藥品，所幸這些小藥品匱乏無虞，且時逢稻穀收割之季，各地均見稻草堆積，隨時可成為傷病患者臨時臥鋪，或提供平躺休息之用，而四周竹林環繞，且家家戶戶均有竹製器具，乃就地取材，可便於製成臨時擔架。[48]

日軍的大患來自於這些流行的惡疫，包括瘧疾、赤痢、傷寒、霍亂等，雖然這些疫疾並非臺灣獨有，日本也年年有瘧疾案例，但由於臺灣夏季又長又熱，日軍處在潮濕燠熱的環境裡，又沒有乾淨的飲用水，所以面對各種流行病，軍醫也束手無策。依石光眞清《城下の人》之所記：

到了七月下旬，駐守新竹城的兩百餘人中隊裡，健康者僅剩80人，多數都染上霍亂。（略）病者一多勢必會與警備作業相牴觸，因此有些微下痢現象者，盡可能地忍耐，與健康者共同行動；而實在是苦痛難當者則可躺臥休養。然而，無論是飲食抑或是便所皆位在同一處所，蚊蠅滋生，疫病逐漸蔓延開來亦是想當然爾。（略）受病魔折磨，上吐下瀉日漸嚴重者，則進入軍醫院接受軍醫診療，然而一

---

48 林呈蓉，《見證乙未之役：一八九五年臺灣社會的實態》，頁52。

旦入院則等同於死亡宣告；（略）結果，病死者人數竟是戰死者的十倍以上。[49]

包括近衛師團長北白川宮能久親王在內，將士多人感染惡疫。臺灣位於南方熱帶，瘴氣籠罩全島，而彰化更甚，土地潮溼，城內外沼澤汙水處處。依鷲巢敦哉《臺灣統治回顧談》所述，日軍在接收彰化的過程中面臨了最大危機：

> 然而，總督府最高首腦部對於師團的長驅南征不表認同，畢竟懸軍萬里乃兵法禁忌，亦常坐困於背後之連繫與糧食補給。因此師團只能宿營於彰化市街等候時機，然而此處卻窩藏禍因，可謂是除了神明之外誰都意想不到。此時的彰化市街並非一如現今街衢整然，而是風土瘴惡，人稱「瘴化」而非「彰化」。而師團於八月的炎夏散宿於此，亦開始飽受惡氣洗禮，轉眼間患者輩出，軍醫則忙得不可開交，可謂是重蹈登澎湖島時之覆轍。過半的師團兵員罹患風土病，導致戰鬥力半減。在八卦山上恍如人間蒸發的將兵當中，包括宮殿下自澳底上岸之後一起甘苦與共的山根大將（男爵山根信成陸軍少將）、中原大佐（應指「中岡」祐保步兵大佐），以及旗下 140 餘名將兵。私揣宮殿下心情恐怕僅能以淚水吞肚形容。既是如此，原訂之軍事行動亦有所調整，南征計畫則需變更。[50]

49　林呈蓉，《見證乙未之役：一八九五年臺灣社會的實態》，頁 52-53。
50　林呈蓉，《見證乙未之役：一八九五年臺灣社會的實態》，頁 67-68。

近衛師團長能久親王從5月29日登陸澳底,到8月28日進占彰化,一度準備越過濁水溪直攻嘉義,但因彰化之役時,許多官士兵已經身染惡疾,包括與他一同登陸指揮作戰的山根信成少將也生病住院,後來在9月29日病亡,使得近衛師團暫時停止南下的攻伐,使部隊休整,總督府再重組南進軍進攻臺南。

(二) 南進軍面對風土病的戰略調整

　　日本軍在同年10月進攻臺南時,面臨著嚴重的風土病威脅,特別是由蚊子傳播的瘧疾,因此戰術有所調整。根據《乙未之役外文史料編譯》所述:

> 南進軍苦心謀慮之事情之一,便是因氣候變化而帶來之疾病。過去如有赤痢、霍亂、腳氣病與瘧疾等,不勝枚舉。故南征臺灣,普遍為疾病之戰。不過今日根據乃木第二師團長之報告,其部下士兵無一人感染流行病,不僅如此,患病者亦少。現值攻陷臺南前夕,故軍心大振、勇氣勃發、士氣昂揚。[51]

　　在枋寮登陸的第二師團戰報中,說明無人感染流行病的消息能使軍心大振,且「南征臺灣,普遍為疾病之戰」,可見日軍已知預防疾病是維持戰鬥力最重要的因素。

　　為了避免士兵受到蚊子叮咬,以及陷入傳染病的危險,南進軍進入臺南時決定在戰略上做出調整:一、選擇宿營地點,避免露地野

51　陳怡宏編／導讀,《乙未之役外文史料編譯(二)》,頁417-418。

營,在占領區需出兵掃蕩反抗鄉勇時,肅清結束必須回到宿營地點;二、調整作戰時間,當每天下午4時之前開始撤回宿營地點,寧可一早5時出發前往戰鬥,也不在黃昏前將部隊曝露在田野之中,避免蚊蟲叮咬。日軍10月11日在鐵線橋至茅港尾、急水溪流域連續7天的掃蕩戰鬥中,部隊幾乎都回到鹽水港布署。19日進攻蕭壠時,也同樣在下午5時前就回到砲陣地周邊固守,隔天一早再進入蕭壠市街掃蕩。

　　瘧疾是受到蚊子叮咬而引起的傳染病,病原體會寄生在蚊子體內,並透過蚊子傳播到人體。日本軍甚至採取了進一步的措施,包括發明防蚊頭罩和提供軍人防蚊裝備:防蚊頭罩被設計成能夠遮蔽士兵的頭部,從而有效地阻止蚊子的叮咬,進而減少傳染病的風險。這種頭罩可能在戰場上成為一種常見的裝備,為士兵提供了額外的保護,讓他們能夠在嚴苛的環境中更長時間地維持戰鬥力。

　　過去瘧疾在臺灣相當盛行,是常見的公共衛生問題。由於瘧疾症狀嚴重,可能會導致高燒、貧血和寒顫等症狀,因此對日本軍來說,防範蚊子傳播瘧疾成為了至關重要的戰略。這也解釋為何南進軍在入主臺南戰場時特別警惕蚊子的原因,但是北白川宮能久親王仍然被蚊子叮咬而生病,師團司令部在10月11日進入白河,22日到臺南城時,親王因發燒不能行動,被人以擔架抬入城內,於28日病逝,根據發病時程來推測,他應是於臺南戰場染病。

圖21　廣告:輕便防蚊具
圖片來源:《回到一九〇四日本兵駐臺南日記》

肆、日軍進入臺南戰場前的時局情況　85

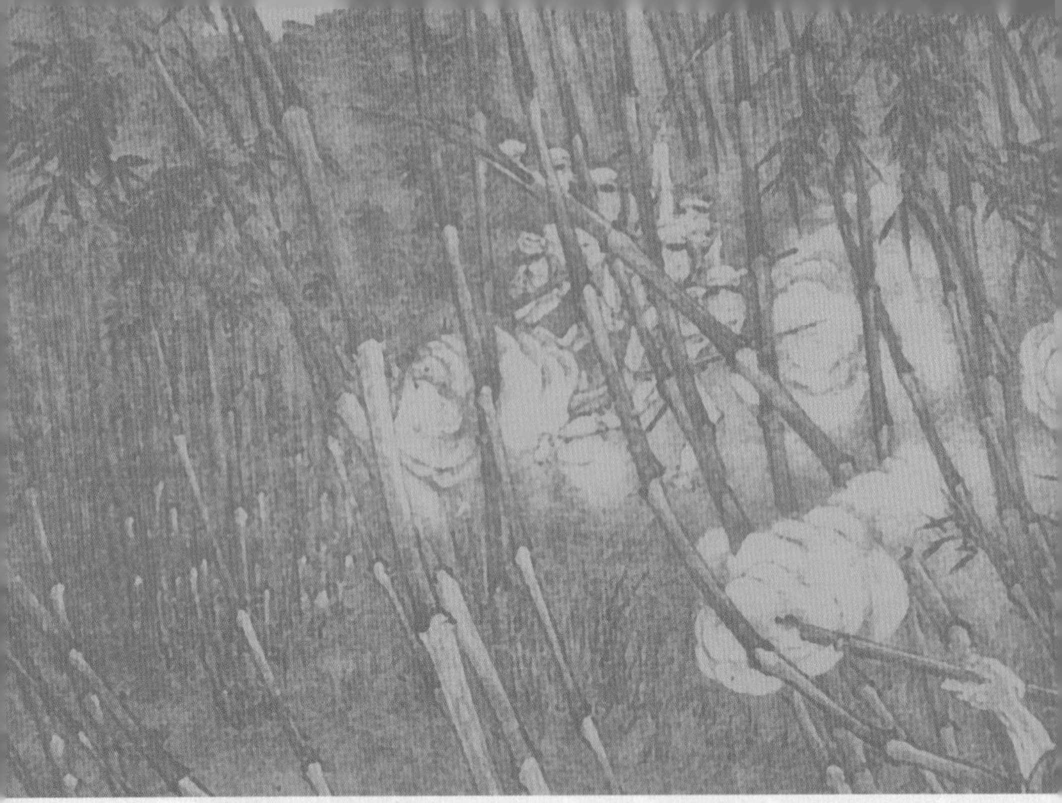

伍

最後一擊

伍、布署

一、黑旗軍及鄉勇的軍力布署

　　黑旗軍與各路反抗鄉勇於1895年9月23、24、25日一度對占據彰化城的日軍進行攻擊，因損失慘重、彈藥告絕，撤退之後已無力再發動大規模的攻擊行動，不得不改採守勢，劉永福則分嘉義以北、臺南以北及枋寮以北布署軍力以迎戰。

　　臺南是臺灣民主國抗日最後的大本營，也是黑旗軍主要軍力之所在，彰化敗退之後嘉義可說是臺南北方最重要的據點，因此劉永福派其叔父劉步高擔任總指揮，率4營軍力防守嘉義城，在北門布署大砲。因為先前彰化以南的斗六門（雲林縣斗六市）、西螺街樹仔腳（雲林縣莿桐鄉）遭遇戰中，黑旗軍節節敗退，因此在嘉義招募義勇加強防禦。10月9日清晨近衛師團對嘉義城展開砲擊，從西門、東門、北門轟擊布署在城牆上的黑旗軍陣地，中午前已攻下北門、西門，中午過後攻下東門，各隊進入城內，再出城外追擊敗兵，黑旗軍一路退到水堀頭（嘉義縣水上鄉），日軍已控制八掌溪以北。

　　劉永福在臺南以北的布署，派總兵譚少宗率福字先鋒營守東石港（嘉義縣東石鄉）及布袋口（嘉義縣布袋鎮）；陳羅率翊安軍三營守四草湖海口（安南區四草）至學甲寮（學甲區學甲寮）；柯王貴率砲隊三營守安平港；劉永福則親率福字軍及鎮標、道標共11營，駐守臺南至茅港尾（下營區茅港尾）一帶。劉永福在這幾個地

區親率黑旗軍約1萬2千人,加上各路鄉勇全部兵力約2萬餘人。

地方鄉勇召募及布署

　　嘉義敗退之後,黑旗軍即在東石港及布袋嘴、安平港、四草等海口布署,預防日軍登陸,各路鄉勇則負責協助防守曾文溪、茅港尾的官道及渡口,由各地區的地方頭人出面招募鄉民編組訓練,徵集武器及糧餉,並向臺南的劉永福請求調派砲隊支援。這些各地庄民自組的軍事組織,根據各方文獻資料彙整,共有下列地方領袖:急水溪流域新營地區是秀才沈芳徽出資募集鄉勇;在學甲、漚汪、佳里興、蕭壠地區,武秀才林崑岡號召人數有3千5百人;侯西庚為六腳庄溪墘厝(嘉義縣六腳鄉)當地糖廍地主,也招募鄉勇參與;翁煌南組織鄉勇1千人防守鹽水港汛,結合鐵線橋陳宗禮募集鄉勇3百人共同防禦;曾克明是茅港尾西堡團練分局長,結合麻豆、下營地區的鄉勇;陳聯發、吳盤、賴現、賴安邦、郭宋郊在學甲堡地區,以聯庄組織號召將近3千人防守北門、學甲等地區。[52]

　　這些義勇領袖來自不同背景,有些是受過良好教育,擁有功名的秀才,或是地方頭人,擔任鄉職,深受當地居民尊敬,擁有極高的影響力和號召力。正因為如此,當日軍進軍這些地區時,地方義勇和鄉民紛紛挺身而出,展開了激烈而堅定的抵抗。

52　黃昭堂著、廖為智譯,《"台灣民主國"研究～台灣獨立運動史的一斷章》,頁216。

二、日軍布署

　　日軍混成第四旅團在10月10日下午三點開始從布袋嘴登陸，至11日上午部隊完全登陸，第二旅團11日上午在南邊的枋寮開始登陸，準備聯合占領嘉義的近衛師團，兵分三路共同圍攻臺南。

　　這三路軍隊是臺灣總督府重新編組成立的「南進軍」，由臺灣副總督、陸軍中將高島鞆之助擔任指揮官，總兵力高達3萬7千人。[53]南進軍的組成來自下列三個軍團：

　　1.近衛師團：由師團長中將北白川宮能久親王率領，約1萬5千人，為接收臺灣戰役之主要戰力，自從5月29日登陸澳底後一路南下，進行征戰。

　　2.混成第四旅團：由總督府調來增援，旅團長少將伏見宮貞愛親王領軍，約1萬2千人，1895年7月14日陸續抵臺增援，10月8日由基隆抵澎湖集結，10月10日混成第四旅團登陸布袋口。

　　3.第二師團：由總督府調來增援，師團長中將男爵乃木希典擔任指揮，約1萬人。

圖22　第二師團長陸軍中將乃木希典
乃木希典（1849-1912），為大日本帝國陸軍大將，官階正二位、大勳位、功一級、伯爵。1896至1898年任臺灣第3任總督。於清日戰爭時任第二旅團長，1895年8月20日，因為戰功而被封為男爵。後參與旅順攻略戰，於廣島出發前，明治天皇為其送行，乃木希典則賦詩「肥馬大刀無所酬，皇恩空沿幾春秋。斗瓢傾盡醉余夢，踏破支那四百州。」獻給天皇。「馬關條約」割讓臺灣之後，乃木率領第二師團於10月11日在枋寮登陸，進攻臺南。
圖片來源：《征臺軍凱旋紀念帖》

53　李文良、陳瑢真、戴心儀，《籠城之戰：1895年南臺灣六堆客家火燒庄戰役》，國史館臺灣文獻館／客家委員會，2021年，頁41。

圖 23　混成第四旅團長陸軍少將貞愛親王

伏見宮貞愛親王（1858-1923）為伏見宮第 22 代以及第 24 代親王，其官位為元帥陸軍大將大勳位功二級內大臣。1895 年率領陸軍步兵第四旅團，登陸臺灣嘉義布袋港、任步兵第一旅團長。

臺灣總督府在 1941 年 6 月 14 日將三處與伏見宮貞愛親王有關的地點以「伏見宮貞愛親王御遺跡」的名義指定為「史蹟」，分別是「布袋嘴上陸之地」、「鹽水港舍營所」與「臺南駐營之址」。

「布袋嘴上陸之地」位在現在的嘉義縣布袋鎮，貞愛親王於 1895 年 10 月 11 日在布袋登陸，日後在 1923 年立碑紀念。二次大戰後該紀念碑一度被拉倒掩埋，後來重新豎立，並以「貞愛親王殿下御上陸紀念之碑」的名義列為嘉義縣歷史建築。

「鹽水港舍營所」即是現在的臺南市直轄市定古蹟鹽水八角樓，1895 年時貞愛親王在 10 月 12 日到 18 日之間住在此處。

「臺南伏見宮貞愛親王御駐營址」則位在今臺南市中西區，原是二老口街許廷光之宅，現已不存，貞愛親王於 1895 年 10 月 22 日到 12 月 8 日之間均住在此處。該處後來成為日本勸業銀行臺南支店店長宿舍，該銀行後來在 1932 年利用取自安平城址的石材立紀念碑。

圖片來源：《征臺軍凱旋紀念帖》

圖 24　近衛師團長北白川宮能久親王

北白川宮能久親王（1847-1895），日本幕末時期至明治時代皇族、陸軍軍官。伏見宮邦家親王第 9 子。任中將近衛師團長，一般稱之為北白川宮能久親王、能久親王。

1895 年時能久親王率領近衛師團於 5 月 29 日自澳底登陸，隨即展開為期數月的乙未戰爭，行經基隆、臺北、新竹、清水、彰化、嘉義等地，但因感染霍亂（一說瘧疾）於 10 月 28 日病逝於臺南。11 月 4 日，由橫須賀上陸返抵東京，當下日本官方公文與電報稱其因病返國。11 月 5 日，宮內省告示第十四號發表《近衛師團長能久親王殿下薨去ノ儀》，公佈親王之死訊，後將能久親王遺體運至豐島岡墓地於 11 月 11 日舉行國葬。

臺灣日治時期 50 年間，能久親王被日本人神格化，在臺灣神社（現地址為圓山大飯店）以能久親王為主祀的神祇，將其「薨去」之日（10 月 28 日）定為臺灣神社的例祭日，此外在其身故之地的臺南興建臺南神社。而北白川宮能久親王的紀念史蹟，原先以臺灣神社、臺南神社、澳底征臺紀念碑為主。1930 年代後，日本官方於能久親王在臺駐足之大小場所俱興建紀念碑以示尊敬。

圖片來源：《征臺軍凱旋紀念帖》

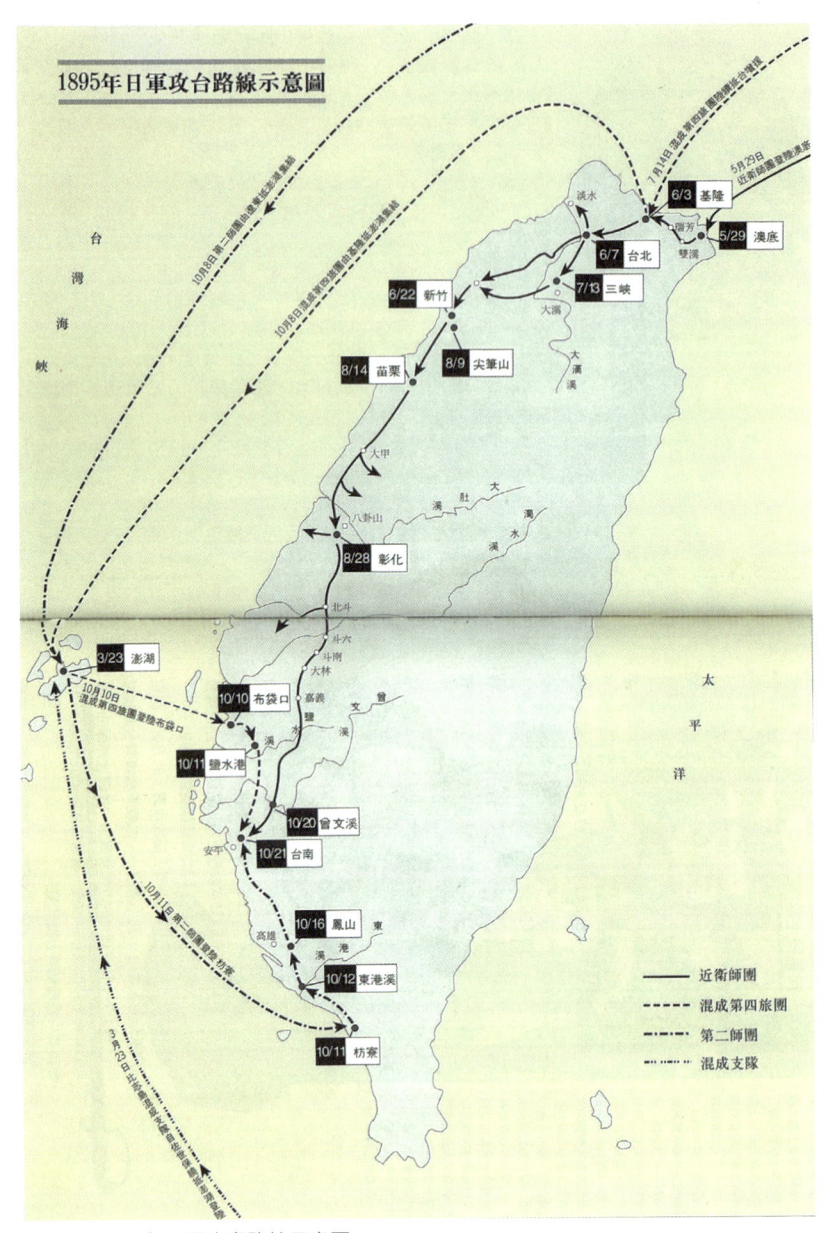

圖 25：1895 年日軍攻臺路線示意圖
圖片來源：中央研究院臺灣史研究所檔案館典藏

三、臺南戰役

　　10月7日南進軍司令官高島鞆之助中將率領其司令部搭乘東京丸抵澎湖；8日下令各部隊長至東京丸集合宣示相關作戰計畫，包括第二師團長中將男爵乃木希典、步兵第三旅團少將男爵山口素臣、混成第四旅團長少將貞愛親王、常備艦隊司令長官有地品之允中將、司令官東鄉平八郎少將、臺灣兵站監比志島義輝少將、基隆運輸通信部長步兵中佐三上晉太郎等。[54]下達訓令海、陸軍合作，第二師團在枋寮附近登陸，混成第四旅團在布袋口附近登陸；由於情報指出黑旗軍在這些海口皆有布署，因此部隊要有敵前登陸的心理準備。

　　高島鞆之助下令指示近衛師團，於10日前派遣部分兵力前往鹽水港附近。混成第四旅團登陸後，在急水溪以北，包括西螺街（雲林縣西螺鎮）、茅港尾（下營區茅港尾）街道（清代北路官道）及其以西各村落宿營等地，展開朝向臺南方向的搜索行動，並儘速與近衛師團取得聯繫。兩軍徵調民伕的劃分以西螺街、茅港尾街道為界，但街道所經過的各村落則屬於旅團的徵調範圍。若近衛師團的支隊已抵達鹽水港附近，旅團應派遣一部隊與其會合。[55]

　　根據作戰訓令，混成第四旅團登陸後負責清理從雲林西螺至臺南茅港尾的主要道路，即清代官道以西的各村庄。此外，還需派兵支援近衛師團在鹽水與之會合交接。混成第四旅團和第十七聯隊是海岸縱隊的主力，負責肅清北門、學甲等地。同時，第五聯隊被派往鹽水與近衛師團會師，聯合南下至鐵線橋、茅港尾，並清剿周邊村落的反抗鄉勇。

54　許佩賢譯，吳密察導讀，《攻台戰紀：日清戰史‧台灣篇》，頁291。
55　許佩賢譯，吳密察導讀，《攻台戰紀：日清戰史‧台灣篇》，頁292。

圖 26　海軍掩護混成第四旅團之情景
圖片來源：《征臺軍凱旋紀念帖》

（一）10月11日-14日布袋口至鹽水港、鐵線橋戰鬥

11日清晨5時，日軍混成第四旅團第五聯隊第三大隊在布袋口（嘉義縣布袋鎮）登陸後，隨即在聯隊長佐佐木直的率領下朝鹽水港前進，因為鹽水港在倒風內海的西北角，是府城北方交通與兵防的要地，若軍隊從布袋口登陸南下，進占鹽水港，肅清黑旗軍，即可控制南北官道。第四旅團的任務是與近衛師團取得聯繫交接任務，並擔任各項偵查工作。

有關鹽水港街，乾隆29年《續修臺灣府志》文獻記載：

> 鹽水港街：距縣四十里。南通鐵線橋，北通笨港。鐵線橋街：距縣五十里，市店在橋南北。往來衝衢，一往縣治、一往鹽水港。茅港尾街：距縣六十里，市店在橋南。麻豆街：距縣六十里。灣裏溪墘街：距縣七十里。灣裏街：距縣八十里。以上屬善化里東保。[56]

56　余文儀，《續修臺灣府志》，臺灣文獻叢刊第121種，臺灣銀行經濟研究室，1962年，頁 86-87。

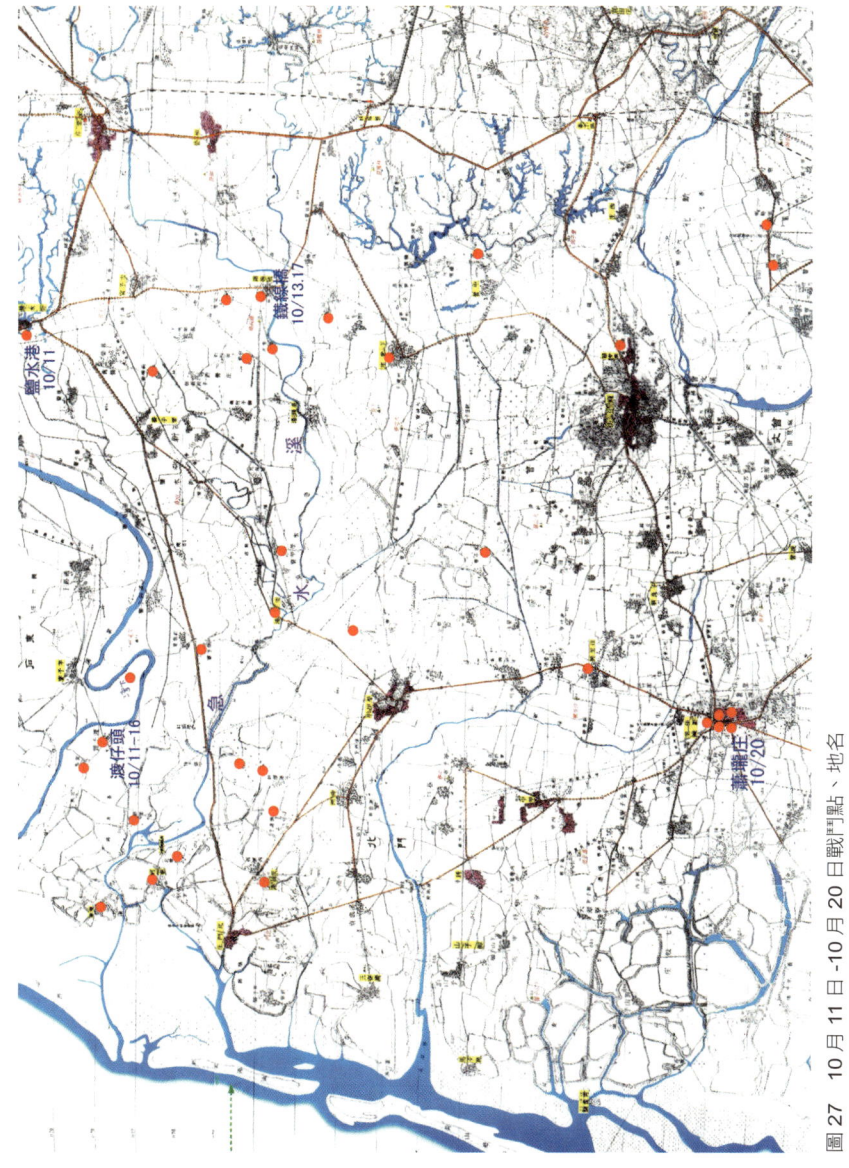

圖 27　10 月 11 日 -10 月 20 日戰鬥點、地名
圖片來源：中央研究院臺灣史研究所

伍、最後一擊　95

顯見鹽水港是位在南北街鎮的要衝,近衛師團與第二旅團在此會師,即是集合兵力,計畫沿著清代的官道向南推進至鐵線橋、茅港尾、麻豆街及灣裡街,臺南鄉勇也從此地沿著官道進行抵抗、突擊、騷擾。

清代時期的「官道」是官方為了統治目的而修建的道路,同時也是人民和貨物流通的主要通道。最初,這些道路只是一般的村莊道路,連接各個鄉鎮,供人們步行或使用牛車,但道路在雨天時泥濘不堪,而且缺乏橋樑。後來官府逐漸重視,設有舖兵傳遞公文,並在要地駐守防汛塘兵。清代時的官道以臺灣府城(臺南)向南北延伸,北可到雞籠(今基隆)、南可通至恆春,日軍入臺之後,沿著官道命令工兵沿線修築,稱為「陸軍路」。為今日臺一線縱貫道路的基礎。

根據《攻台戰紀》內所描述:[57]

> 起初,登陸掩護隊長佐佐木大佐於布袋口外海與應抵達鹽水港汛的近衛師團支援連絡,並與之交接,且受命擔任各項偵察任務,偵查從布袋口經鹽水港汛至茅港尾的道路及布袋口經杜仔頭庄(北門杜子頭)至蚵寮(北門蚵寮)的道路,以及北掌溪(八掌溪)及急水溪的偵查。

當時,近衛師團由第一旅團第三聯隊擔任前衛部隊,由阪井重季少將率領,於10月10日自嘉義出發,11日抵達安溪寮庄(後壁區安溪寮),接著向新營庄(新營區)挺進,同時警戒臺南方向。近

57　許佩賢譯,吳密察導讀,《攻台戰紀:日清戰史‧台灣篇》,頁296。

衛師團的右側支隊是步兵第二聯隊，從嘉義出發，於11日抵達竹圍後庄（後壁區竹圍後），然後向鹽水港汛前進。在上午9時，他們擊退了約200多名反抗的當地鄉勇，占領該地區。與此同時，布袋口登陸的混成第四旅團第五聯隊第三大隊也在這時會合，兩軍當晚在鹽水夜宿。第五聯隊在12日占領新營，然後沿著北路官道推進至舊營和鐵線橋，並朝茅港尾方向展開了搜索行動。

其經過可參照《攻台戰紀》之描述：[58]

> 近衛師團右側支隊於十日自嘉義出發，到魚寮庄（台南後壁）宿營。此日派遣將校斥候至鹽水港汛，得知該地有賊徒。十一日早晨出發，經竹圍後庄（台南後壁），往鹽水港汛前進。上午九時至十時左右，擊退一批賊徒（約2百名），占領該地。在此遇到一部分混成第四旅團。當夜，右側支隊與部分混成第四旅團一起在鹽水港汛宿營，十二日將該地守備交給該旅團……。

混成第四旅團第五聯隊登陸後兵分兩路，一路推進至鹽水港汛，10月11日上午11時抵達鹽水港與近衛師團會合之後向南邊推進。12日沿著主要道路南下，即是沿著清代的官道搜索。下午撤回鹽水港汛。13日天未亮在鐵線橋官道附近聽聞鼓聲四起，鄉勇先出現在西側，後來北、東、南方向都有鄉勇集結，共約有2千人，向鐵線橋包圍，經過日軍的射擊後，11時起逐漸潰散。在新營庄的前衛前哨部隊上午也遭到襲擊，原先在官道上進行道路整理的工兵一分

---

58 許佩賢譯，吳密察導讀，《攻台戰紀：日清戰史・台灣篇》，頁289。

隊，受到2百多名的鄉勇攻擊，官道兩旁是繁盛茂密的甘蔗園，日軍的哨兵雖在甘蔗園口警戒，但是地方鄉勇無視於日軍的警戒，疾行而來，於是兩方發生遭遇戰，此時日軍在柳營偵察的第六中隊一小隊，也剛好抵達急水溪庄東北方約4百公尺，與當時要過河的鄉勇對面開戰，逼近工兵一分隊的鄉勇遂退守急水溪庄。

此時日軍砲兵則布陣於新營庄，向急水溪庄北邊的鄉勇發動砲擊，日軍第五聯隊第五中隊及機關砲隊也前來支援，向急水溪庄前進，對抗的鄉勇民團不敵日軍砲火的攻擊，只得向南邊撤走。日軍在新營舊廍庄的斥候部隊也參與追擊行動，攻擊鄉勇退走的側面，一直追擊到急水溪南方1公里的地方。在此同時，已前進到鐵線橋的混成第四旅團第一大隊也受到鄉勇的襲擊。並且在這一天為了肅清從鹽水港汛至鐵線橋官道沿路上的抵抗，而派出掃蕩的步兵第七中隊在途中數次遭到鄉勇襲擊，逐次擊退後，於下午抵達鐵線橋，不久後返回鹽水港。

鐵線橋為鹽水通往茅港尾麻豆的必經地點，也是急水溪上游各村庄貨物商品集散之地，在倒風內海

圖 28　鹽水港市街戰後之景象
1895 年 10 月 10 日混成第四旅團登陸布袋口後，於 11 日進入鹽水港，沿著官道與鄉勇展開激烈戰鬥，百姓四處逃避，致使鹽水港市街十室九空。從圖照可看出街道上舖石板，街屋外面有棚架可搭起帆布做生意，可見繁榮市況。
圖片來源：《征臺軍凱旋紀念帖》

尚未浮覆之前,人口曾達千戶之多。雖然清代晚期內海航運已經衰退,鐵線橋在官道上仍然為商旅貨物的轉運之處,因此日軍從鹽水南下就是要肅清這一帶義勇的反抗行動。

從上述的文獻分析,當時出現抵抗的各路鄉勇最少有5、6股,而且從四面八方攻擊以官道為據點的日軍。日軍的戰鬥方式是派出斥候及前衛部隊進行搜索,支援的砲兵在後頭發動砲擊,步兵再進入村庄掃蕩。從鹽水到新營、鐵線橋,這一帶沿著官道在10月12日至14日發生幾次激烈的對抗衝突;15日至17日日軍還有清剿村庄的行

圖29 濟遠號以砲擊援護布袋嘴上陸之陸戰隊
濟遠號原為清國船艦,清日戰爭中黃海海戰時被日本巡洋艦攔截擄獲,從此成為日本常備艦隊之一員。1895年10月10日,濟遠號自布袋外海對岸上發砲,以掩護混成第四旅團的登陸。
圖片來源:《征臺軍凱旋紀念帖》

圖30 布袋嘴攻擊市街兵燹之光景
明治二十八年十月十一日於品川丸
圖片來源:中央研究院臺灣史研究所檔案館典藏

動，所以在這一地區，後來地方鄉民為殉難的義勇建立紀念祠：舊營四十六忠義公廟、歡雅萬應公廟、鐵線橋丁善義公廟、姑爺儀民忠正公祠；在鹽水街區則有月津忠義烈士祠、七歲姑娘萬善爺公廟。

（二）10月11日-14日布袋口至渡仔頭戰鬥

在海岸沿線的戰鬥，從混成第四旅團步兵第十七聯隊登陸開始，於10月10日下午4時起即與從嘉義方向來的鄉勇發生遭遇戰，擊退鄉勇之後，11日掩護步兵第五聯隊登陸，遂即進占渡仔頭庄，並前進至新圍庄（臺南市北門區新圍一帶），並偵察蚵寮（臺南市北門區蚵寮一帶）。鄉勇不斷的逼近並射擊，日軍增援渡仔頭時，在筏仔頭庄（學甲筏子頭）、下灣庄（學甲渡子頭）、北馬庄（北門北馬）及竿仔寮（義竹竿子寮）等地區與不同隊伍的鄉勇發生遭遇戰。

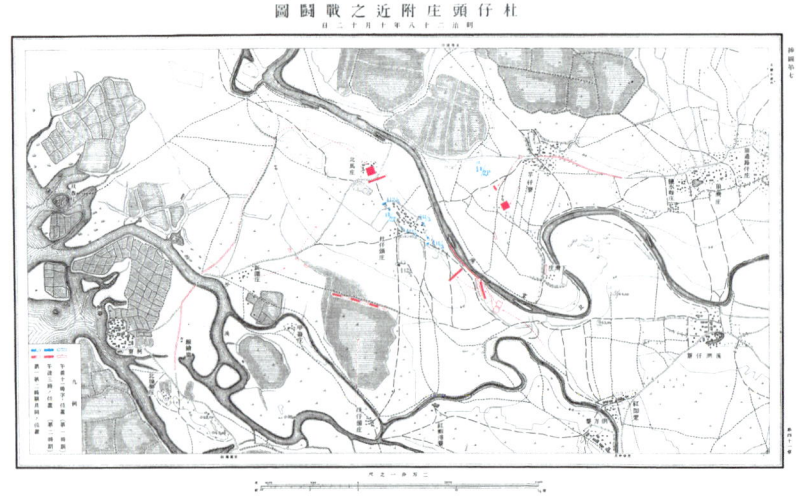

圖 31　杜仔頭庄附近之戰鬥圖
圖片來源：中央研究院臺灣史研究所提供

根據日軍文獻，關於這場戰鬥記載如下：

> 前往校仔頭（杜子頭）之沿途路況險惡，迂迴於羊腸小徑間，再橫渡竹編之獨木橋，僅能緩慢前進。下午三時半抵達校仔頭，兩個中隊全員進入該地。至入夜十時，遙聞從王爺頭及其他東南方向之村落傳來之鼓聲，至深更半夜益加響亮。[59]

在《乙未之役隨軍見聞錄》中也有相同的記載，占領渡仔頭的二個中隊徹夜聽到鼓聲遠傳，而不知原因。可見當時在臺南抵抗的鄉勇是由村落平常操練的宋江陣來組織隊伍，藉由鼓聲互相集結聯繫作戰方式，以進行抵抗行動，所以日軍才會說不知什麼原因整夜聽到遠處在敲鼓。

有關渡仔頭的戰役，另可參照下列文獻的描述：

> 十二日上午八時左右，斥候歸營，正在回報前方有否敵兵，敵兵已2、3百人成群而來，向我小隊亂射。我亦以一齊射擊應戰。又，左方尚有4百餘名敵兵前來；同時，西南方亦有3、4百名敵兵前來，手提木槍，揮舞青龍刀，一邊吶喊，彼等欲從四面八方包圍我小隊，我軍寡不敵眾，隨即向海岸方向撤退，以和校仔頭（杜子頭）本隊會合為目的，向該方向轉進。[60]

---

59 謝國興、呂理政，《乙未之役隨軍見聞錄》，頁192。
60 謝國興、呂理政，《乙未之役隨軍見聞錄》，頁192。

以上描述說明反抗軍手持的武器及集結方式,似乎是以地方陣頭宋江陣喊陣進行隊形的進退。在其他日軍的文獻也有記載,日軍常常前進掃蕩之後,後方又有反抗軍敲鑼打鼓迅速出現突擊,後又退入隱蔽處藉由地形藏匿,有時在日軍前面隊伍剛過,旁邊遠處又有人放槍射擊,日軍前去搜索,另一旁又聽鑼鼓聲,使日軍疲於奔命。10月12日,位於渡仔頭地區的戰役,下午1時由大雄少佐所帶領的大隊一度遭到敵軍包圍,糧食及彈藥缺乏,然而下午2時鄉勇逼近時日軍集中火力擊退,並展開追擊,鄉勇雖然估計有1千多人,但是雙方武器精良程度差異過大,而造成鄉勇明顯死傷。

根據日軍文獻描述,鄉勇是從西面、北面、南面三個方向包圍攻擊在渡仔頭的日軍,人數約是日軍的十倍,槍數約是三倍;但是受制於日軍優勢的火力,不能太過接近,因此喧喧擾擾的相互射擊至下午3時,由於日軍的彈藥已消耗殆盡,平均每人不過剩下3、40發子彈,遂暫時停火。約過1小時後鄉勇從北馬方向集結又逼近渡仔頭的日軍,此時日軍展開猛烈射擊後擊退鄉勇,一部分退往筏仔頭方向,一部分往新圍庄方向敗退。此時步兵第五聯隊第三大隊的行李隊伍也從布袋口前進,途中遭到鄉勇的襲擊,共有士兵7名、軍伕30名生死不明,還遭失部分行李。可見從登陸的布袋口,南下到義竹、北門、學甲地區,日軍在登陸後幾天內與鄉勇在此區域展開多次遭遇戰,日軍不斷受到鄉勇的攻擊及阻擋。

依據《乙未之役隨軍見聞錄》的描述:

> 步兵第五聯隊本部基於掩護登陸隊伍之任務,於十日擊退布袋嘴之敵兵,十一日上午十一時抵達鹽水港,正巧近衛步兵第二聯隊第一大隊亦同時進入鹽水港,於是共同力戰敵兵,敵兵殘留之屍體約1百2、30具。繼續追擊敗走之敵兵,至

距離鹽水港之南約1哩半之鐵線橋（一名大仙頭），第五聯隊第一隊在此設置哨線，然而，未久前我混成旅團之後方縱列受到急水溪沿岸敵兵之襲擊。其大行李被奪、人馬盡失，如第四旅團長伏見宮殿下亦殆於困難之際進軍。其後，伊木少尉於襲擊時中彈，當場死亡，許斐少尉亦負傷。下士以下至軍伕，死傷或失蹤者計42人，為敵兵擄獲者，或斬首掛於枝頭，或碎屍萬段，悽慘之狀令人不忍卒睹。我兵見此大怒，將鹽水海岸村落的敵兵根據地悉數燒成灰燼，並搜索鄰村之土匪，斬殺5百餘人，敵遂退卻，盤據王爺頭。[61]

《攻台戰紀》記錄這段戰事如下：[62]

此日早晨九時半左右，通過鹽水港汛西北方頭竹為庄（義竹頭竹圍）附近的步兵第十七聯隊及旅團司令部的各設營隊，以及步兵第五聯隊第三大隊小行李的一部分，遭到百餘名土匪襲擊，此時正好來會的步兵第五聯隊第十一中隊之一小隊加以收編，然而賊徒兵力漸次增加，約有7、8百名，在頭竹圍庄東南端展開。

10月14日上午9時占領渡仔頭的日軍，看到鄉勇在倒風寮越過急水溪向下灣庄的日軍哨地前進，部分則從溪洲仔寮向下灣庄東方迂迴，人數約有1千人，下灣庄的日軍出動涉八掌溪驅逐鄉勇，並占領

---

61 謝國興、呂理政，《乙未之役隨軍見聞錄》，頁193。
62 許佩賢譯，吳密察導讀，《攻台戰紀：日清戰史・台灣篇》，頁296。

倒風寮。鹽水港的日軍也前來支援並且追擊，日軍參與戰鬥者約有550人，而鄉勇約死傷50人。

此時，高島司令官還在東京丸上指揮，自混成旅團登陸以來，鄉勇採取突襲戰術，特別是攻擊不具戰鬥力兵員，或趁日軍兵力較寡時展開襲擊，眼看對手氣焰高昂，因此認為不能姑息，在全軍南進前必須掃蕩這些地區；遂下令命混成旅團長剿討朴仔腳街以南、急水溪以北的抵抗鄉勇，以示懲戒。

圖32　南征軍臺南攻擊之圖
說明如附錄二、圖示說明（六）。
圖片來源：中央研究院臺灣史研究所檔案館典藏

圖33　混成第四旅團於布袋口戰鬥之景象
混成第四旅團從1895年10月10日起於布袋口登陸，行動前先由常備艦隊對布袋口展開砲擊。本圖攝於10月11日，混成第四旅團戰鬥部隊登陸中，處處可見軍艦砲擊後之斷垣殘壁，右方則有多艘登陸小艇駛來，至10月15日才全部上岸完畢。
圖片來源：《征臺軍凱旋紀念帖》

（三）10月15日-17日急水溪附近村莊的戰鬥

　　混成第四旅團從10月10日登陸布袋口，以第五聯隊為主力進入鹽水、鐵線橋，並分兵渡仔頭；由於各地鄉勇利用地形集結抵抗，進行突擊騷擾，經過幾天的纏鬥之後，日軍進軍的行程受阻，在軍艦上坐鎮的司令官高島鞆之助於14日下令，對朴子以南及急水溪以北的地區展開掃蕩，以確保第四旅團與近衛師團會師南下進擊鐵線橋茅港尾，並且海岸縱隊也能推進至臺南北邊。混成第四旅團步兵第五聯隊及步兵第十七聯隊進行剿討工作，預定17日前結束。

　　第五聯隊接到剿討命令後，於10月15日命令第二大隊本部暨第五、第六中隊留守鹽水港，第七中隊負責剿討急水溪北岸的鄉勇，陸軍砲兵一中隊的一小隊增援渡仔頭的日軍，剿討蚵寮方面鄉勇，聯隊長親自率其餘部隊到達鐵線橋。16日剿討急水溪北岸各村落，向渡仔頭前進，並命令砲兵及工兵偵查維修從鐵線橋至茅港尾的道路。

　　10月14日混成旅團已全部登陸，主力在大寮至鹽水港之間宿營，其中一部分和近衛師團共同進軍鐵線橋，一部分海岸支隊在渡仔頭。當時南進軍司令官高島鞆之助在14日發出「以懲戒為目的」的剿討令，進而升高了衝突的態勢，使戰況趨於激烈。占領渡仔頭庄的第三大隊一直在北馬庄、渡仔頭庄、新圍庄、雙春庄、蚵寮、北棟榔庄、灰磉港、舊埠庄、溪底寮等村落之間進行掃蕩。同時也配合第五聯隊長佐佐木直指揮的軍隊，掃蕩左近學甲、鹽水的村落，在18日之前日本與本地鄉勇發生激烈的武裝衝突。日軍不易分清庄民之中，誰是反抗者，誰是良民，因此不惜砲火射擊有鄉勇集結的村庄，並放火燒毀驅趕庄民造成傷亡，手段嚴峻。

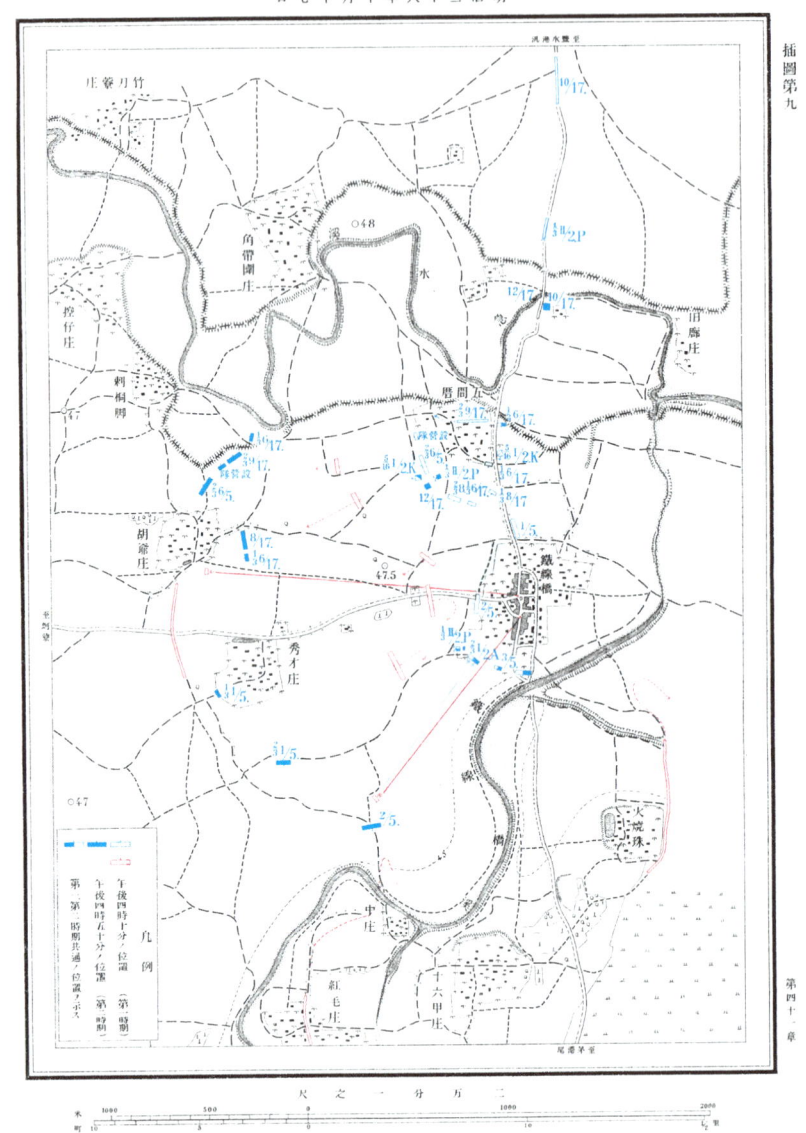

圖34 鐵線橋附近之戰鬥圖
圖片來源：中央研究院臺灣史研究所提供

（四）10月18日竹篙山及王爺頭戰鬥

依據日方文獻記載17日日軍已偵察出反抗鄉勇集結在王爺頭（北門），於是第五聯隊集結兵力於18日清晨由鐵線橋向東挺進掃蕩急水溪一帶，計畫肅清盤據在宅仔港（學甲區宅港里宅子港）、竹橋寮（學甲區竹園仔）、倒風寮（學甲區新芳）、麻油寮（鹽水區飯店里麻油寮）、式港寮等村庄的鄉勇，逼進王爺頭。

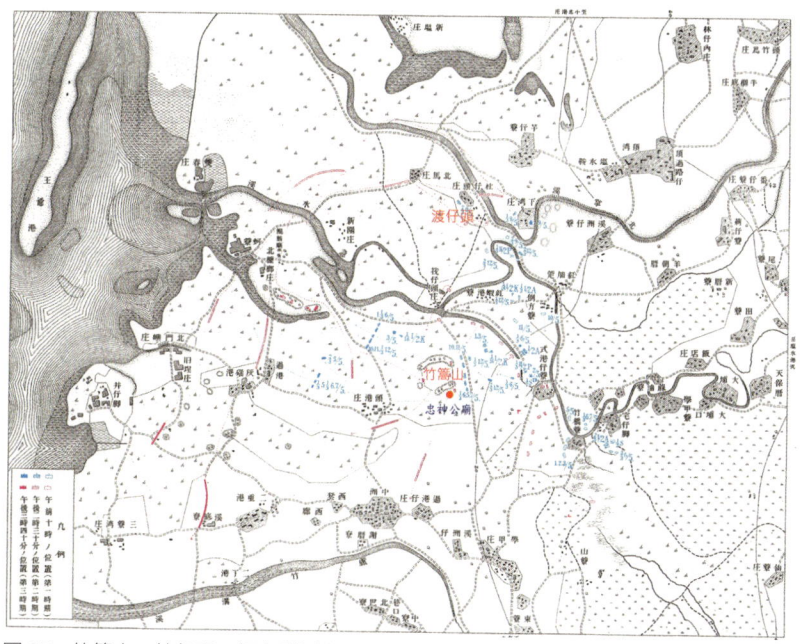

圖 35　竹篙山、杜仔頭、蚵寮附近之戰鬥圖
圖片來源：中央研究院臺灣史研究所提供

第五聯隊之動靜[63]

據聞布袋嘴附近之居民素以慓悍聞名，就連清朝之兵也難為

63　陳怡宏編／導讀，《乙未之役外文史料編譯（二）》，頁519。

統御。因此，我軍登陸布袋嘴時，彼等皆頑固不明事理，僅覺敵軍來此將傷害己身，為保自身之安全而誓死抵禦。此外，劉永福計畫利用彼等之頑固無知，譴部下煽動彼等阻撓我軍之登陸。東南西北，我軍所到之處皆起戰鬥之事，良民見戰鬥日漸擴張之勢，四處逃竄隱蔽，皆無親近我等之人，故偵查敵情之時極為不便。佐佐木大佐之聯隊，十日登陸布袋嘴以來，頻與敵軍發生衝突，現今將本部設置於鹽水港汛，且派出一部朝位於海岸道路之校仔頭，以確保南進道路。此一單線之道路前方，敵軍之數雖不少卻無法知其本部之所在，但觀襲來敵軍之退路，可知其應於急水溪附近。十七日佐佐木大佐同飯田副官親偵查急水溪方面，終探知敵軍主力匯集於王爺頭。而後該聯隊於十八日拔除其根據地並鎮撫附近地區，欲開啟南進之道路。

這段文獻說明混成第四旅團自布袋口登陸之後遭遇到各地鄉勇的抵抗，所到之處皆起戰鬥之事。雖然15日至17日有進行掃蕩及清庄，但是村民四處逃竄隱蔽，偵察情報極為不易；17日終於探知鄉勇的主力匯集於王爺頭（即北門嶼庄一帶），所以第五聯隊決定18日再進行清剿。

根據日方的情報，盤據王爺頭的黑旗軍是武毅左中兩營，以李翊安為頭領，鄉勇數量共約4千人，並配署砲兵準備遏制日軍的進入。但真實的情況是鄉勇領袖林崑岡在15日時前往府城要求劉永福加派黑旗軍及砲隊前來支援。18日兩軍接戰時，黑旗軍並未堅守戰場，反而是鄉勇應戰日軍第五聯隊。

依據日軍的文獻，18日清晨第五聯隊從鹽水港汛出發，從鐵線橋向東進軍：

我軍之布署[64]

佐佐木聯隊長於十八日上午四時自鹽水港汛出發,領其部下石原、渡邊2名少佐之二個大隊與砲兵一中隊、衛生隊半部,自鹽水港汛經鐵線橋(據鹽水港汛約2里距離),入敵軍側背部,朝王爺頭前進。並將砲兵一小隊、工兵一小隊、騎兵一支隊編入大熊少佐之大隊,命其自宿營地杜仔頭沿海岸道路朝敵軍正面前進。

第五聯隊石原大隊於上午6時集合前行,計畫渡過急水溪逼近攻擊地點,此時鄉勇占領鐵線橋西邊1公里半的村落相抗;上午8時兩軍衝突開始戰鬥,由於村落之家皆竹籬環繞,道路曲折狹小,日軍突入村落展開白刃激戰,並藉由砲火擊退來增援之鄉勇。因為擔心村落再被盤據,於是放火焚之,渡過急水溪攻擊黑旗軍與鄉勇的砲兵陣地。

占領砲兵陣地[65]

敵軍的砲兵掩護隊約有5百人,一面收容整編前方敗兵,一面頑強抵抗我軍。敵軍陣地雖然平坦,但前有土堤,而我軍卻無任何地物可資憑藉,只好向前衝鋒。兩次衝鋒後,終於攻下,擄獲克魯伯野砲及山砲各1門。敵軍砲兵在我軍攻入其陣地時仍堅持不撤退,6名砲手死於火砲旁邊,其勇氣實堪讚賞。

---

64 陳怡宏編/導讀,《乙未之役外文史料編譯(二)》,頁520。
65 許佩賢譯,吳密察導讀,《攻台見聞:風俗畫報・台灣征討圖繪》台灣譯叢2,遠流出版事業股份有限公司,1995年,頁389。

根據日方文獻中形容這場戰爭的激烈程度,當日軍奪下砲兵陣地時:「**然其狀似為砲兵者,於我軍突入陣地時卻不退卻**」[66]這6名砲兵陣亡在砲側,日軍對於這些堅守陣地的敵人,「**仍須稱讚其勇敢,可稱之為日清開戰以來未曾有之勇士**」。[67]

但這些勇士為何「**其狀似為砲兵**」呢?因為他們並未著黑旗軍的衣服,可能是當時黑旗軍看到日軍進攻,將大砲丟給鄉勇操作然後就逃跑了。因為這些砲火要掩護從前線退回來的鄉勇,並阻止日軍的進攻,所以在砲陣地操作的鄉勇並未撤走而陣亡。

在日軍攻下鄉勇防守急水溪河岸的砲陣地之後,日軍渡過急水溪,越過平原抵達急水溪支流時,以林崑岡為首領導北門、學甲、將軍、佳里等地來支援的鄉勇,集結在高地上,並築土堤據守,布署3千5百公尺長的陣地,呈散開線準備迎戰,毫無懼怕。日軍乃先後渡河,下午1時在急水溪沿岸布下砲列,與鄉勇的砲陣地互相射擊,激烈砲火宛如雨落,1小時後雙方準備進行會戰,依據文獻記載如下:

> 於下午二時,藉其掩護,通過砲彈之下,第二大隊成為基準;第三大隊向其右側前進;第一大隊成為第二線進行攻擊。該進攻之路乃是一望無際的平原,毫無遮蔽物,敵軍無數的旌旗綿延相連;我方則中央揭立聯隊旗,3個大隊步履整齊地行進之狀,如見野戰操練,不久便槍彈紛飛、劍光閃爍,諸隊齊突擊,敵兵忽然散亂,第二陣地亦成為我軍占領處。敵

---

66 陳怡宏編/導讀,《乙未之役外文史料編譯(二)》,頁521。
67 陳怡宏編/導讀,《乙未之役外文史料編譯(二)》,頁521。

之一部往台南方向、另一部往王爺頭方向潰逃。往台南方向逃逸者，由第二大隊追擊之；向王爺頭方向潰逃者，則命第三大隊追擊之。又，第一大隊作為第三大隊之援助，向王爺頭方向進攻。[68]

上述文獻所描述重點是兩軍會戰的規模，日軍進攻時還揭立聯隊旗準備接戰；「諸隊齊突擊，敵兵忽然散亂」，其實是一段英雄事蹟，根據連橫《臺灣通史獨立紀》的記載：「**至鐵線橋，沿途莊民持械拒戰，相持數日，生員林崑岡死焉。殺傷大當，以故不能越曾文溪而南。**」[69]林崑岡在漚汪召集4、5千人對抗日軍。但在會戰之時林崑岡眼見已有眾多鄉民隨他出面抵抗而死難，不忍同胞再遭戰火摧殘，所以他向眾人說：「**今日之戰，若是日本大限已終，必然一敗塗地，否則我林崑岡，願中頭門銃，以免同胞多受殺戮之禍。**」[70]結果林崑岡果真頭門中槍，眾人知對抗戰事不可為，戰鬥隊伍遂散去。其後日軍見鄉勇已潰退，立即派兵追擊，而雙方在王爺頭又再激戰。

向王爺頭方向敗走之敵兵，與在王爺頭村落以南之敵兵合流，再作抵抗。敵軍有大砲4門，藉此殊死，射擊我兵。砲彈如雨下，榴彈砲在我散兵線內炸開，地為之震動。第三大隊遂進占其堤防，向敵兵擊刺銃劍，瞬間擊斃70餘人，我兵

---

68 謝國興、呂理政，《乙未之役隨軍見聞錄》，頁196。
69 連橫，《臺灣通史》，臺灣文獻叢刊第128種，臺灣銀行經濟研究室，1962年，頁102。
70 詳見忠神公廟碑文。

趁勢奮鬥奪取之,更一鼓作氣,嘗試向敵軍之砲兵陣地攻擊,奪砲4門,隨之占領王爺頭。

在此之前向南追擊敵兵的第二大隊,追擊敗兵後,再轉向王爺頭方向而來,由是,被第三、第一大隊與第二大隊兩面夾擊的敵兵無路可逃,逆擊隊窮追之,將之逼至海邊,以快速射擊夾擊之,敵兵皆落海而死,死屍漂浮水上,海水皆為之紅,時為下午五時三十分。[71]

《攻台見聞》也有記錄當時第五聯隊掃蕩王爺頭雙方戰鬥慘烈的狀況,逃脫的鄉勇往南邊的蕭壠撤退。

占領王爺頭[72]
退走王爺頭的敗兵據守王爺頭前方約1千公尺的高地,以2門伯魯德砲掩護砲兵。大熊大隊衝鋒攻入敵軍第一線,雙方白刃相接,然而該隊敵兵誓死防守,一步也不肯退讓,共被我軍擊斃70餘人,這是清軍中少見的勇敢士兵。我軍乘勢與一部分的石原大隊一起逼近王爺頭。另一方面,渡邊大隊追擊台南方面的敵兵,途中轉向,由南方進向敵兵背面,敵兵腹背受敵,終於往海岸方向敗走,有些人溺死海中,有些沉於河中而死。下午五時我軍將之完全占領。

第五聯隊在兩處鄉勇的砲陣地共奪取6門大砲,推測是黑旗軍

---

[71] 謝國興、呂理政,《乙未之役隨軍見聞錄》,頁194、196。
[72] 許佩賢譯,吳密察導讀,《攻台見聞》,頁392。

棄守留下的，因為日軍的勝利品內並沒有提奪取到黑旗軍隊伍番號的旗幟，所以急水溪以北以及曾文溪流域的戰鬥，都是各地組織的鄉勇所進行保庄衛民的義行。事件過後地方人士將遺骸掩埋立祠紀念，出現忠義公或義勇公的祠廟有學甲忠神公廟、北門槺榔山義勇祠、北門蚵寮萬善堂。

圖 36　林崑岡
林崑岡（1832-1895），名碧玉，字爾音，崑岡是號。嘉義漚汪人（今臺南市將軍區西甲里），為嘉義武秀才。曾於鄉里家中設私塾，又在漚汪文衡殿內設立「育英書院」，擔任山長。為人急公好義，常為人排解糾紛，因率領義軍參與乙未戰爭而戰死於急水溪南畔的竹篙山，人稱「竹篙山之神」。因其事蹟，被一些廟宇所供奉，例如臺南學甲區的「忠神殿」、嘉義市的萬台宮（林府將軍）。
圖片來源：中央研究院臺灣史研究所檔案館典藏

（五）10月20日蕭壠戰鬥

　　18日日軍第五聯隊在肅清王爺頭之後，依照軍部計畫於19日出發經蕭壠街往臺南前進，由於還有一半的行李放在鐵線橋，一半的行李放在下灣庄，無法在19日一早前進，加上昨日戰鬥人疲馬乏，有休息給養的必要，因此在午時出發下午3時到中洲（臺南市學甲區中洲一帶），碰到竹溝溪漲潮，決定在此宿營，到20日才出發。此時，在王爺頭會戰之後退守的鄉勇，在外圍村庄布署陣頭，日軍到村落北邊時受到鄉勇的射擊，由於蕭壠街廣袤2平方里，絕大部分是檳榔樹園，與竹林交錯，房舍散布其間，主要道路兩側挖有乾壕溝，部隊難以開展，蕭壠街外圍田野都是甘蔗，受到遮蔽，無法廣視，鄉勇利用地形掩蔽，在主要道路交會處設木柵門，在村落之內防守。

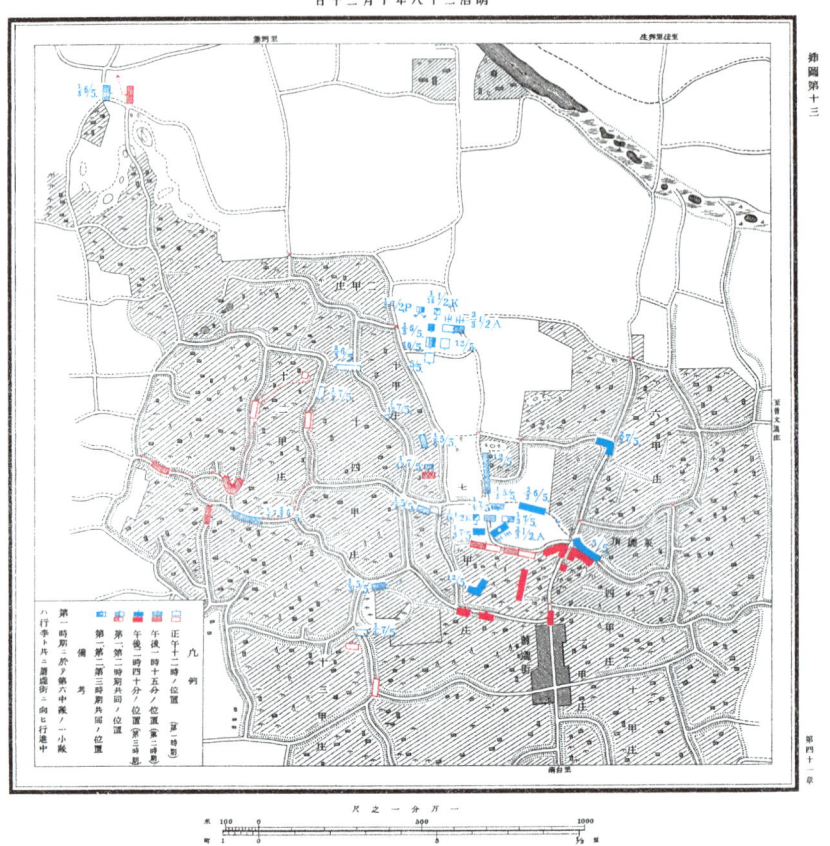

圖 37　蕭壠街之戰鬥圖
圖片來源：中央研究院臺灣史研究所提供

圖38　臺灣府攻擊民家破壞之圖
圖片來源：國立臺灣歷史博物館提供

　　依據《乙未之役隨軍見聞錄》記載：「霄壠一地之蔗田遙遙相連，茂竹叢生，其間有小徑，摸索前行，行路難辨，且有寬兩間（約3.6公尺）、深丈餘之壕溝環繞該村周圍，壕溝內外構築三重竹柵，易守而難攻。」[73]日軍上午11時在北端及東方向蕭壠街展開攻擊，雙方相距僅7、80公尺互相射擊，由於日軍正面攻擊受挫，於下午2時開始砲擊菜園頂十字路口持續近半小時，再令步兵從兩翼攻擊，首先突破佳里興的防線，部隊向南推進，再驅逐菜園頂三叉路

73　謝國興、呂理政，《乙未之役隨軍見聞錄》，頁197。

口的鄉勇，逼近被庄民以牛車阻塞主要通道的十字路；在排除道路障礙時，雙方發生激烈的戰鬥，日軍持續砲轟，然後步兵挺進，終於攻破陣地，追逐掃蕩四處奔竄的鄉勇，到了下午5時槍聲逐漸消失，已無任何抵抗，完全肅清蕭壠。

日軍指揮官見今日的戰鬥，各部隊共實施2次正面的攻擊，並配合砲擊，對手仍然頑強潛入日軍所占領的區域竹林間伺機反擊，戰局恐難一時結束，在清理戰場之後，決定停止攻擊，吹起號角，將各隊集合到砲兵陣地，在蕭壠街西側宿營，並在四周警戒。第二天一早蕭壠街已無鄉勇的射擊槍聲，日軍就地整補，決定中午再出發到竹橋，準備渡過曾文溪。21日正午與左側支隊會合後，搭建棧橋橫渡，在鹿耳門附近紮營。

依據《乙未之役隨軍見聞錄》記載：

> 此日殺敵1千1百餘名，傷者不詳，本次戰鬥所擊斃之敵兵數，係台灣戰爭以來為數最多者。我支隊當場死亡者有將校（軍官）1名，下士以下9名；負傷者有將校2名，下士以下43名；戰利品計有大砲2門、步槍250挺、槍及刀劍類數百支、旗數十面、彈藥若干。[74]

根據上述文字，混成第四旅團從布袋登陸之後，在急水溪流域跟鄉勇纏鬥了5、6日，在王爺頭擊潰鄉勇；各路退守的鄉勇集結在蕭壠布署抵抗，日軍進攻受限於地形地物的障礙，無法開展行動，遂以猛烈的砲火轟擊，並進入街市村落掃蕩追擊，造成鄉勇及庄民

---

74 謝國興、呂理政，《乙未之役隨軍見聞錄》，頁197。

重大的傷亡,這場日軍形容是開戰以來死難最多者的戰役,也造成蕭壠當時人民四處逃避十室九空,即是臺灣民間俗稱的「蕭壠走番仔反」,形容這場戰役的災難。

　　21日混成旅團依原計劃,經七股、西港到鹿耳門,往臺南街道方向前進,正午後,其步兵先抵達洲仔尾庄,騎兵搜索臺南郊野,而黑旗軍此時已退至府城到安平海岸邊集結,準備繳械投降。

　　在蕭壠的戰鬥過後,蕭壠地區的人士掩埋這些死難者的遺骸,並立祠紀念。由於各地都有壯烈成仁的鄉勇,以及被牽連冤死的鄉民,這些亡魂無從慰藉,讓蕭壠住民覺得地方不靖,甚至無法發展。1923年地方耆老及保正向當時北門郡守酒井正之建議,為這些30幾處無主祭祀的小祠舉行安魂儀式,追薦逝者以靖安地方,並集

圖39　竹林掩體
由於各地鄉勇所持武器遜於日軍,因此多利用地形和日軍周旋,常見的是在遠處放冷槍,引日軍入林,再近距離肉搏戰鬥,後來日軍遇有此情形,都會先用大砲轟擊再派步兵進入掃蕩。
圖片來源:中央研究院臺灣史研究所檔案館典藏

中祭拜。在獲得官方支持後請示金唐殿三千歲,指示迎請北港天上聖母與南鯤鯓代天府吳府千歲啟駕來踏輦,輪流排案扛轎問神。經過一年多的時間將三十幾處有應公祠的陰靈迎請至廣安宮右側祠堂立將軍府,庄民按時舉辦祭祀,而成地方民俗。

現今佳里除了廣安宮將軍府之外,還有佳里通興里鎮山宮、佳里溪州里「莊府元帥」、建南里「將軍府」小祠、東寧里「萬善堂」小祠等。日軍經過七股時也有發生零星的衝突,因此該地也建有七股境安宮、竹橋村「城隍廟」小祠。

(六) 10月20日曾文溪庄戰鬥

南進軍司令部於19日自鹽水出發,先在茅港尾宿營,20日上午前進到曾文溪,視察混成第四旅團本縱隊的戰場,並於溪尾庄宿營。

先前10月11日近衛師團的先頭步隊至抵達急水溪之後,兵分兩路,一路由店仔口街(白河區)、果毅後庄(柳營區果毅後),往茅港尾庄(下營區),進入麻豆街(麻豆區)、灣裡街(善化區),至大穆降庄(新化區);另一路從安溪寮(後壁區安溪寮)、中社庄(六甲區中社)、番仔甲(六甲區)準備進入灣裡街。18日師團接到軍部命令,19日由能久親王親率縱隊從六甲、果毅後往茅港尾前進。在寮仔廊(麻豆區寮廊)的方向進入麻豆庄,逐次擊退盤據寮仔廊北端及南勢角東端鄉勇組織的反抗軍,並乘勝追擊到總爺庄西南端,並放火焚燒南勢角。

近衛師團重新編組前進步隊向曾文溪推進,在下午3時抵達溪底寮南端,在前進時遭到來自曾文溪庄(善化區麻善大橋西側)的機關砲及步槍的射擊,乃下令砲兵回擊。由於敵況不明,決定此日停留在曾文溪右岸,隔日再展開攻擊,遂於3時發出命令,要本隊在南

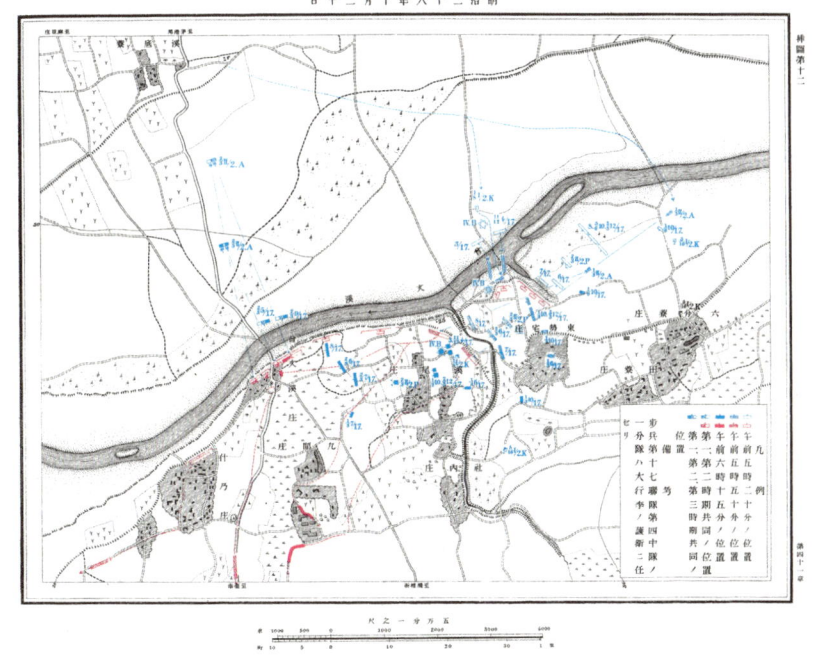

圖40　曾文溪之戰鬥圖
圖片來源：中央研究院臺灣史研究所提供

勢角宿營，前衛部隊也停止作戰，在溪底寮附近宿營，並準備20日的攻擊。

依據《攻台戰紀》記載：

> 此日應從蚵寮方面到達茅港尾加入本縱隊的步兵、砲兵及衛生隊一直沒有前來會合，旅團長直到半夜才得知這些部隊在鐵線橋宿營，立刻傳令，命其於第二天早晨六時三十分之前到曾文溪右岸參與戰鬥行動。
>
> 瀧本大佐所率領的攻擊部隊於二十日天未亮時自溪底寮出

發，在該地東南約 3 千 4 百公尺的徒涉點渡河，凌晨四時在曾文溪左岸西南面展開。同時，旅團長所率領的預備隊也自其宿營地出發，跟在攻擊部隊後面前進，牽制部隊也開始向曾文溪庄前進。[75]

圖 41　臺灣南進軍臺南府攻擊之圖
圖片來源：國立臺灣歷史博物館提供

　　曾文溪庄這一頭是由善化陳子鏞帶頭領導的鄉勇，陳子鏞時任臺南籌防局的局長，募集黑旗軍的糧餉，且出資募集鄉勇。原本劉永福在臺南至茅港尾一帶，包括灣裡，布有11營的黑旗軍，但在鹽

75　許佩賢譯，吳密察導讀，《攻台戰紀：日清戰史・台灣篇》，頁 338。

水港、鐵線橋遭遇戰之後,即退守至府城,留下部分武器給鄉勇操作使用。日軍發現在曾文溪南岸的鄉勇有戰砲的火力,不宜貿然渡河,於是在日落後,偵察曾文溪上游的徒涉點共有3處,且距離反抗軍的陣地較遠。於是針對此一情況,決定作戰計畫,於拂曉時正面攻擊。

20日上午4時日軍在曾文溪左岸徒涉渡河展開攻擊,牽制部隊也朝曾文溪庄前進,日軍保持縱隊隊形向曾文溪庄的陣地發起衝鋒,引起激烈的對抗,雙方幾近肉搏。最後日軍終於突破東勢宅庄的陣地,逼迫反抗軍撤離,並擊退溪尾庄來的援軍,於6時30分占領曾文溪庄,並派兵追擊至崁頭庄。日軍記載反抗軍大約有2千5百人,現場死者約有1百多人。

日軍部隊先後渡河到溪尾庄會合,並且在曾文溪庄設醫護站及指揮所,前衛部隊在九間庄宿營,警戒南方準備21日進入灣裡街。

在20日同時,近衛師團右縱隊從番仔寮擊退茄拔庄的鄉勇,在下午2時30分進入灣裡街驅散盤據街道中間廟宇的1百多名武裝民眾;左縱隊則前進到三塊厝庄,在灣裡街北方擊退在曾文溪兩岸集結的殘餘鄉勇,在正午時間越過曾文溪往灣裡方向前進,於下午5時抵達大社庄,與騎兵會合在此宿營。

由於溪尾庄的鄉勇前去增援曾文溪庄的戰鬥,與日軍有接觸戰,因此陣亡的鄉勇共19名遺骸被掩埋於曾文溪庄官道路段東側小徑內,即今善化溪美十九公祖廟。

圖 42　南進軍司令部陸海軍將校合影
南進軍司令部負責南進作戰計畫的籌備與執行。南進軍司令部於 1895 年 9 月 17 日對南進作戰計畫作成決議，近衛師團由陸路挺進至嘉義附近；軍司令部及混成第四旅團則在嘉義布袋口登陸，肅清附近地區；第二師團則在屏東枋寮登陸，並與艦隊配合，陸、海兩軍聯合攻略鳳山、高雄。最後，三路人馬圍攻臺南。
圖片來源：《征臺軍凱旋紀念帖》

圖 43　第二師團野戰砲隊曾文溪攻擊的光景
明治二十八年十月二十日攝影。
圖片來源：《征臺軍凱旋紀念帖》

圖 44　曾文溪庄戰後地方鄉勇陣亡狀況
圖片來源：《征臺軍凱旋紀念帖》

（七）10月21日近衛師團到大目降

10月9日攻陷嘉義的近衛師團分左右縱隊出發南下，左縱隊在店仔口（臺南白河）宿營；右縱隊及師本部在安溪寮宿營。文獻形容：「此間道路平坦，經過青田翠圃之間，沿道農民或割米、或收豆，或在山腰、澤地放牛，各安其堵，絲毫沒有敵意。」[76]但後續右縱隊在新營、鐵線橋、茅港尾都遭到鄉勇激烈的對抗；左縱隊進入六甲，師團本部在古期后（果毅後）宿營，日軍記載：「**古期后是一個偏僻的小城鎮，有三百多戶，房屋多用紅磚建造，民眾皆在門前擺設桌子點上小蠟燭，表示歡迎之意。**」[77]20日上午左縱隊從六甲出發進向曾文溪右岸，發現對岸有鄉勇在南方高地築掩堡，以4門火砲向日軍射擊，但日軍一逼近原來防守的鄉勇隨即遺棄數輛搭載輜重的牛車，向東方逃走，日軍從露營的遺跡判定，人數應該不下1千人。

由於曾文溪連日天旱河水乾涸，左縱隊發現可以渡河的地點，全軍涉水過溪向灣裡（臺南善化）前進，在番仔寮擊退茄拔庄的鄉勇，在下午2時30分進入灣裡街驅散盤據街道中間廟宇的1百多名武裝鄉勇；左縱隊則前進到三塊厝庄，在灣裡街北方擊退在曾文溪兩岸集結的鄉勇，正午時間越過曾文溪往灣裡方向前進。途中遇到鄉勇狙擊致有傷亡，日軍遂發動追擊，焚燒房舍，於黃昏時抵達灣裡，在此宿營。而右縱隊則是從麻豆越過曾文溪擊潰鄉勇，於下午5時抵達大社庄，與騎兵會合在此宿營。21日師團自灣裡出發，往大目降（臺南新化）前進，並在該地宿營。

---

76 許佩賢譯，吳密察導讀，《攻台見聞》，頁417-418。
77 許佩賢譯，吳密察導讀，《攻台見聞》，頁418。

因為在灣裡的戰鬥使近衛師團保持高度警戒，分兵護衛左右兩側，沿途搜索，沒想到進入大目降時並未遭遇任何抵抗，市街頗為平靜，依據日方文獻記載：

> 大目降位於距台南東方約20里的地方，市街隱約可見。據本地民眾所言，十九日下午四時，劉永福將部下在此集合宣布：如與日軍談和成功，便解散軍隊，往越南（福建）去。因此由該地應募來的兵丁皆各自回家，市街頗為平穩。[78]

21日當近衛師團左縱隊進入大目降時，右縱隊也從東北邊進入開元寺，第二師團由山口少將指揮第十六聯隊編組的支隊於上午進入臺南城。

圖 45　臺南城占領之圖
圖片來源：國立臺灣歷史博物館提供

78　許佩賢譯，吳密察導讀，《攻台見聞》，頁 420。

（八）10 月 21 日第二師團肅清臺南及安平

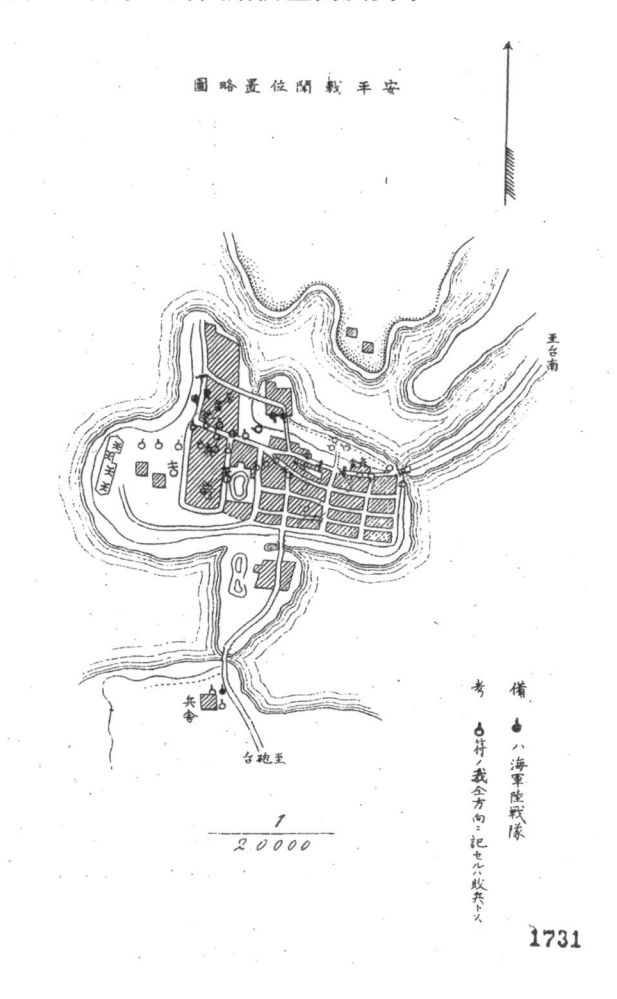

說明：備考：🔔為海軍陸戰隊，🔔符號與我軍同方向者為敗軍。

圖 46　安平戰鬥位置略圖[79]
圖片來源：《乙未之役外文史料編譯（一）》

---

[79] 圖片引用自陳怡宏編／導讀，《乙未之役外文史料編譯（一）》，頁 381。

伍、最後一擊　　125

南進軍進攻臺南，北邊有布袋口登陸的混成第四旅團，南邊則是第二師團於10月9日在澎湖島編成前衛部隊，依序步兵、騎兵、砲兵、衛生隊及架橋縱列的次序在11日上午10時於枋寮登陸，各部隊分

圖47　我征臺軍擊退鳳山賊匪並向臺南進軍之圖
圖片來源：國立臺灣歷史博物館提供

別前進至塭仔新打港（屏東縣佳冬鄉塭子）、茄苳腳（屏東縣里港鄉茄苳村）、大庄（屏東縣枋寮鄉），分別與黑旗軍及地方鄉勇有對峙衝突，當日占領枋寮、茄苳等地區。12日進軍到林邊（屏東縣林邊鄉）、東港新街庄（屏東縣東港鎮新街）、新園烏龍庄（屏東縣新園鄉烏龍）及鹽埔仔庄（屏東縣新園鄉鹽埔）；13日上午偵查萬巒，下午到頭溝水庄（屏東縣萬巒鄉頭溝水），與黑旗軍有接觸戰並追擊；14日拂曉從淡水溪河口附近渡河，準備進占鳳山城，主力在鳳山東南邊宿營；15日其他部隊也渡河占領鳳山東邊高地。

部隊前進鳳山時，常備艦隊砲擊打狗砲臺，第二旅團第四聯隊向旗後半島前進，以配合海軍進攻打狗。15日下午第二旅團占領鳳山，並逼近打狗。沿途有黑旗軍及鄉勇騷擾性的射擊，所以第二旅團各部隊不斷追擊、停駐、再前進；16日鳳山及打狗全部被日軍占領，且前衛部隊已到鳥松（高雄市鳥松區），警戒臺南方向。

南進軍司令官於17日發出作戰命令：
1.本軍以「10月23日臺南總攻擊」為目的向前推進。
2.混成第四旅團及近衛師團於10月19日出發，根據行進計劃

表，混成旅團的本縱隊應於10月21日前抵達船仔頭；近衛師團本縱隊也應於同日到達長春庄、大人廟、大崎、鹽水埔。

3. 第二師團應於10月21日以前到達二層行附近，派往小崗山方向的支隊也應抵達鹽水埔附近。

依據這個命令，第二師團於17日朝阿公店方向前進，此時接到情報，15日從鳳山、旗後潰走的黑旗軍已到阿公店，因此日軍在大寮擊退數百名黑旗軍，並且得知在臺南北門外布滿地雷，還有3、4萬名的本地鄉勇及黑旗軍。依據街頭傳聞，劉永福已逃往番地，因此師團長派遣一支支隊向大崗山、中路庄朝臺南方向推進，以截斷黑旗軍往後山的退路。19日師團至仁武竹仔門庄出發，經阿公店，在太爺庄又與5、60名黑旗軍有接觸戰，於下午抵達二層行溪。

20日上午師團向二層行庄（仁德區二橋）出發，右支隊由中路前進；左支隊至白沙崙（高雄市湖內區白沙崙），前衛部隊到半路竹（高雄市路竹區），在二層行溪右岸與數百名黑旗軍展開徒步戰，驅逐回右岸二層行庄。並於上午9時50分開始砲擊，10時30分近衛部隊已占領二層行庄。黑旗軍又集結在車路墘（仁德區車路墘），師團本部在戰鬥結束後抵達二層行溪，並在太爺庄（高雄市湖內區太爺里）宿營。

20日下午9時，住在臺南城內的英國傳教士巴克禮和19名信徒一起代表臺南城的住民來到二師團的前哨線，告以劉永福於昨夜率領隨同，從安平經海路逃走，黑旗軍四方潰散，城內陷入無秩序狀態，請求日軍盡速入城，解除殘眾武裝以維持秩序。此時師團長也接獲常備艦隊相同內容的通報，因此便命令步兵第十六聯隊組成支隊於21日早晨進入臺南城，並於上午8時40分完全占領，並派第十中隊攻略安平。支隊進入臺南時，「城內沒有警衛，城內人民也無畏怖之情，每戶都掛著寫有『大日本帝國善良民歸順』的白旗，佇立

在門前表示敬意。」[80]

　　第十中隊於上午11時進入安平，並與前先抵達的海軍陸戰隊一起處理歸順者，在這之前安平東邊的兵營已發生接觸戰，依據《乙未之役外文史料編譯（一）》記載這一段日軍入城及安平發生戰爭的情形：

十月二十一日戰鬥詳報第五號[81]
根據昨深夜台南英國傳教士來告，以及艦隊參謀長之通報，知劉永福及其部下已離開台南，自安平乘船潛逃回國，為此認為有必要保持城內秩序及守備台南，遂使山口少將指揮下述各隊：步兵第十六聯隊、騎兵一小隊、砲兵第三大隊及工兵第二大隊於今晨六時自二層行出發進入台南。
上午九時山口支隊未受敵抵抗，且於市民之歡迎聲中進入台南城內後，立即扼守各城門，並守備官衙、倉庫等。此外為與軍司令部聯繫，派出騎兵一小隊往船仔頭。並為占領並守備安平，派遣步兵一中隊與仙波、黑澤2名參謀同行，派往該地。赴安平之步兵中隊（第十六聯隊第十中隊）於上午十一時於該地入口兵營處遭遇敵軍抵抗，最後斬殺50餘敵軍後占領安平並駐守該地。詳細經過參閱該隊之另一戰鬥詳報。
此後我艦隊之陸戰隊已於安平登陸並占領該地砲台，俘虜降軍5千餘。

80　許佩賢譯，吳密察導讀，《攻台見聞》，頁420。
81　陳怡宏編／導讀，《乙未之役外文史料編譯（一）》，頁378-379。

下午四時左右台南山口支隊與混成第四旅團取得聯繫。

戰鬥詳報[82]

十月二十一日上午十時二十五分,本中隊因受旅團長之令,擔任守備安平之務,與仙波中佐同赴安平。

上午十一時抵達距安平約千米處時,仙波參謀傳令曰:安平東北方軍營內尚有敵軍之殘兵,第四中隊將校斥候因兵力薄弱而受困,應警戒並加速前進。為此使鈴木重行中尉所率領之一小隊為前衛,急往安平而去。然而於出發之際更下達此令:因安平為外國人居留地,故應盡可能避免槍彈之射擊。

上午十一時二十分,尖兵進入安平東北端後,依仙波參謀之命令朝安平東北方兵營入口前進,前衛司令領其餘部隊與急行尖兵會合,得知兵營內尚有7、80名殘兵據守,立即攻入兵營,斬殺50餘名敵軍。此時令森岡重美少尉所率領一小隊自海岸迅速至兵營後方,攻入兵營,該小隊追至兵營後門,斬殺敵軍7、8名,此外更斬殺欲逃往海岸之敵軍。但於安平入口處見2、3名第四中隊士兵。

上午十一時三十五分,令關口甚之丞少尉小隊之一支隊停於大路上橋樑旁,守備我軍退路,其餘支隊則隔開道路,自市內南半部進入,朝居留地前進。上午十一時四十五分令森岡重美少尉所領之小隊集合,使其成為後援隊伍與前衛及仙波參謀同行,一面搜索市內北半部,抵達領事館前時,關口甚之丞少尉所領之小隊亦一面追趕敗兵而來到居留地。於此潛伏於安平市內之敵軍幾逃至外國人居留地附近無抵抗。此時

---

82 陳怡宏編/導讀,《乙未之役外文史料編譯(一)》,頁379-380。

海軍陸戰隊、本聯隊第四中隊將校斥候亦匯合至此。此地之敵軍為鎮海中軍，巡撫部院、水字防軍營、中軍前營、中軍別營、鎮海前軍等（其餘單位不詳），共計約6、7千人，幾皆投降，故將其集合於外國人居留地內之空地，並與海軍陸戰隊協商，委請海軍陸戰隊警戒及看守。敵軍戰死者58名，負傷者6、7名。而我軍負傷者唯一等卒榮森長次郎1名。

日方的戰報記載這段在安平與黑旗軍發生的最後一場戰鬥，1960年興文齋書局出版的《臺灣城懷古集》也有相關記錄：[83]

> 天后宮在安平五番地，今石門里，現廢無存，其址為今石門國校之一部……據說日本領臺時，兵勇在本廟被屠殺，血濺廟堂有污聖地以來，不加重修了……。

1990年《臺灣城懷古集續集》，林勇先生寫得更詳細，摘錄如下：[84]

> 據逸人氏採訪父老傳說：日軍入臺，由府城開到安平來時，一班逃不了的清軍兵勇屯在媽祖宮內被圍，慘遭屠殺者56人，只有一人脫出。後因日軍於該廟後空地開掘一坑，把他們的屍首潦草埋在那兒，每於更深人靜，常見怨魂出現，以致大家害怕，不敢前去燒金，又因神聖廟堂為腥血所濺，有失清淨，董事們爭相敬而遠之，於是，香火冷落，廟宇自然荒廢了。

83　林勇，《臺灣城懷古集》，興文齋書局，1960年，頁30。
84　林勇，《臺灣城懷古集續集》，臺南市政府，1990年，頁115。

若對照日方的新聞報導，11月24日「臺南府雜信」寫：[85]

> 安平兵站醫院本院係於戰爭之際，我兵斬殺50餘名支那兵之地，尚存濺壁鮮血腥味，屍體淺埋於兵舍正後方，故臭氣隨風飄來，感到悽愴。

可見原先徵用做黑旗軍兵營的安平媽祖廟，在發生戰役之後，日方將其改兵站醫院，原先被斬殺的51名黑旗軍被埋在廟後，使裡面的傷兵聞到屍臭味感到不舒服，而安平人士也將媽祖移祀至角頭廟。至於那些投降的5千餘名黑旗軍如何處置，依據日方的公報，有下列的記載：

> 投降俘虜處理後報告[86]
> 二十三日基隆發之公報如下：
> 黑井所報導之海軍主地之事如下。
> 十九日晚間，劉永福搭船自安平逃走。二十二日，於安平捕獲之俘虜有5千餘名，後自艦隊獲得遣送其回支那地區之請求。所幸旅順丸正巧原定駛入香港，故順利使4千餘名俘虜搭乘便船前往廈門附近之金門島，並由所有艦隊護衛，黑井本人亦於該艦之中。下官自打狗登陸後，昨夜經安平回歸。該處設有外派所，並由西川少佐進駐（三上中佐發）。

---

[85] 《東北新聞》，伊藤彪，〈臺南府雜信（11月24日發）〉，1895年12月4日。此篇未見後續文章。

[86] 《東北新聞》，〈降虜の處分後報〉，1895年10月29日。

從公報上可得知，戰俘是依據總督府之前公布的敗兵處分諭告執行遣返，日軍攻臺戰役至此告一段落，以臺灣民主國名義組織的抗日行動也已經結束。後來各地陸續發生鄉勇反抗的戰鬥事件，例如六堆火燒山戰鬥，但已不再是與日本南進軍之作戰。

圖 48　日軍將黑旗軍收繳的武器置於安平昭忠祠前清點
1895 年 10 月 21 日第二師團派支隊進入臺南時，同時也派軍前往安平，此時常備艦隊陸戰隊也在二鯤身南邊登陸進占砲臺及安平，共有近五千名黑旗軍棄械投降，日軍將沒收的槍砲集中在安平昭忠祠前。
圖片來源：《征臺軍凱旋紀念帖》

圖 49　安平港砲臺
常備艦隊陸戰隊占領大砲臺清查武器，稱讚砲臺結構堅實，但使用的武器卻是落後的前膛砲。
圖片來源：《征臺軍凱旋紀念帖》

四、進占臺南宣布全島平定

10月19日劉永福率親兵至安平加強防務，20日清晨搭英輪爹利士號渡廈門；同日上午混成第四旅團在蕭壠戰鬥肅清，地方鄉勇戰死者千餘人，傷者難以數計，臺南府城黑旗軍騷動，地方仕紳敦請英籍傳教士巴克禮前往第二師團請求派兵進臺南府城維持治安；21

日上午第二師團前衛司令官陸軍少將山口素臣率軍入臺南府城。常備艦隊陸戰隊占領安平砲臺控制安平市街，將黑旗軍投降者五千多人集中於英國領事館，於23日遣回福建金門；26日臺灣總督樺山資紀搭乘軍艦抵達臺南，決定讓參戰最久的近衛師團先行回國，並認為南臺灣反抗勢力仍暗潮洶湧，由第二師團負責大肚溪以南至恆春的守備任務。

　　11月5日臺灣總督樺山資紀在臺南城北門外舉行征臺之役戰死者招魂祭；6日解除南進軍編制；13日近衛師團離臺返日。此時第二師團長乃木希典中將接下守備南臺灣的任務，將南部地區劃分為彰化、臺南、鳳山及恆春等四個守備地方。六堆客家散布的下淡水地區，大部分由鳳山守備隊負責，唯右堆北部（今高雄市美濃、六龜、杉林等區）由臺南地方守備。11月18日樺山資紀向大本營報告全島悉予平定。

　　在10月下旬時臺南民政支部人員已悉數赴任。安平、鳳山兩出張所率先於10月28日開辦，11月1日臺南民政支部舉行開廳儀式，該月份再設恆春、臺東出張所。這表示日本已準備進入地方長期守備、社會治安維持等實質民政治理階段。11月10日，鳳山守備隊探得情報，得知六堆地方頭人聚集40餘庄的鄉勇意圖反抗，於是派偵察隊前往時發生衝突，造成人員傷亡，是為麟洛庄（屏東縣麟洛鄉麟趾村）戰役。7天之後第二師團便組織南征支隊，針對六堆客家進行掃蕩鎮壓，陸續引發22日牛埔庄戰役、以及25日火燒庄（屏東縣長治鄉長興村）偵察戰、26日火燒庄之役、26日至29日經仔庄、萬巒庄之役，以上為征臺戰役進占臺南之後，陸續發生之南部地方鄉勇反抗戰。

陸 歷史場域及記事

陸、歷史場域及記事

一、北白川宮能久親王之死與歷史遺跡

　　10月9日能久親王於嘉義北門外觀戰事遺跡之後，10月9日至17日，共9天都住在嘉義；10月18日親王住宿臺南州新營郡後壁庄安溪寮王太高道士家，竹柱土埆屋，此處為全島住宿地點中最粗糙者。由於近衛師團至11日抵達急水溪以來，不斷偵察前進路線與道路，根據民眾口中得到的訊息所製表的地圖，與實際的街道不甚相符，因此能久親王18日才到安溪寮坐陣。

　　19日近衛師團陸續抵達六甲、柳營，能久親王則宿於果毅後（臺南市柳營區果毅後一帶）張朝陽宅；20日近衛師團進入灣裡街，親王宿於媽祖廟前藥商林苞的宅邸；21日師團向大目降前進，已無鄉勇抵抗，市街秩序穩定，親王宿於鍾鏡清的宅院，此時親王已有發燒的狀態。22日南進軍各部隊司令部已進入臺南城，此時已發燒無法行走的能久親王，被屬下以擔架抬進大東門進入城內至安海街張紹芬宅住

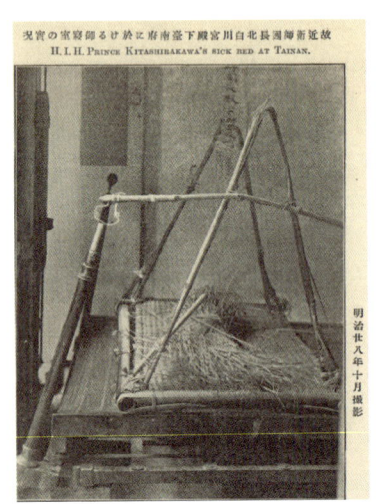

圖50　能久親王乘坐之擔架
明治二十八年十月攝影。
圖片來源：《征臺軍凱旋紀念帖》

宿。23日之後，再移至吳汝祥宅邸，於28日逝世。從軍醫記錄的症狀分析，推測是在進入臺南之後，染上熱病，發燒併發肺炎而死。

能久親王逝世地點是在現今臺南美術

圖 51：御遺跡所（今永福路近府前路口）
圖片來源：安藤康毅拍攝

二館的西南側，原是富商吳春祿所建宜秋山館的宅邸，在莊雅橋街，後代吳汝祥借日軍暫用，沒想到親王在此病逝，後來改建為臺灣第一所官辦博物館「臺南博物館」及北白川宮御遺跡所，於1902年2月26日開幕，1923年其東側區域又改建為臺南神社，是官幣中社的社格，僅次於臺北草山的臺灣神社；1930年神社在北邊擴大外苑，臺北及臺南這兩處神社，是日本時代臺灣紀念能久親王最重要的兩個地點。

能久親王逝世當時並未立即發布訊息，也未說明原因，推測是因11月3日明治天皇的天長節即至，日本官方考量不在明治壽辰前公布親王死訊。因此宮內省在11月5日才宣布能久親王在臺灣亡故，總督府於同日在臺南大北門外舉行征臺之役戰死者招魂祭。

二、在臺南地區鄉民所建各地紀念祠

（一）鹽水、新營地區
1. 鹽水區三生里月津忠義烈士祠（菜園仔公廟）
地　　址：臺南市鹽水區忠義路2號
經緯度：23.322026422007887, 120.26802144162174

廟內奉祀英勇抗日犧牲十八位忠義烈士及一義犬之靈位。[87] 其歷史沿革從正面柱聯即透露出訊息：「**忠存漢族千秋烈　義拒倭奴萬古欽**」應與抗日事蹟有關。然而，由於本廟歷史悠久，採訪地方人士的說法有二：其一，原屬供奉無名姓氏之萬應公的小祠，因在菜園邊道路旁，稱菜園仔公廟，以顯化神威尋找失物而著名；其二，1895年10月11日日本軍近衛師團從嘉義入白河直攻鹽水，另一路混成第二旅團登陸布袋，亦分兵鹽水港，兩軍在此會師，近衛師團先行進入鹽水與駐守的黑旗軍及反抗軍展開激烈的衝突。事件之後當地人將殉難的十八位鄉勇與遇難的忠犬同埋於此地菜園而名，與萬應公祠共祀，稱十九王公廟。戰後地方人士因紀念抗日烈士改稱忠義烈士祠。

圖52　月津忠義烈士祠門前對聯「忠國滅倭保家鄉　義勇永昭佑民生」
圖片來源：周芷茹於 2022/5/1 拍攝

圖53　月津忠義烈士祠內供奉忠義烈士神主
圖片來源：周芷茹於 2022/5/1 拍攝

87　詳見廟碑文。

根據《南瀛抗日誌》所描述：[88]

> 據當地耆老回憶：日軍於一八九五年農曆八月廿三日攻入鹽水港，在鹽水東門城（現在的朝琴路），有18位忠義烈士英勇抗戰，慘遭殺害，壯烈成仁，屍橫於大宅內之菜園中。爾後經常有顯化靈蹟，住民咸認其忠勇，於大宅內菜園邊建一小祠供奉，稱之為「菜園仔公」。

另據鹽水地方耆老董明堂先生表示，18人中有一男子是他祖父，當日軍攻入鹽水港，其祖父執業「漢醫」，並率領地方義勇保鄉衛民，反抗日軍，因而慘遭殺害。[89]1933年《台南州寺廟台簡帳》記載：該廟奉祀18人骨，有「十八公」之稱。

經本研究團隊採訪，據當地津城里柯永茂里長指出，當時鹽水地方居民和黑旗軍共同抗日，殉難之後家屬不敢收屍而共埋，因此並未寫上姓名，亦有不知名者，直至今日仍有後代於神明聖誕日時來祭拜，在祠外道路旁的香爐就是後代子孫捐款建造。[90]另外，根據月津文史協會林明堃表示，日軍進攻鹽水時鄉勇死傷慘重，日軍將死難者裝在牛車上，在鹽水街上遶行示威，一部分遺骸埋在大眾廟旁，一部分埋在菜園公廟；另外在鹽水鎮外、歡雅及舊營還有紀念祠，凡是祭祀忠義公者，建造於日本來臺之後者，都屬抗日殉難烈士的廟宇。

---

[88] 涂順從，《南瀛抗日誌》南瀛民俗風情叢書6，臺南縣文化局，2000年，頁234。
[89] 陳美惠，〈辨正「乙未鹽水抗日運動」史實的真相─以「月津忠義烈士祠沿革碑文」為例〉，《高苑學報》第十九卷第二期，高苑科技大學，2013年，頁121-130。
[90] 鄭道聰訪問，周芷茹紀錄，受訪者柯永茂，採訪日期為2022年5月11日，採訪地點為月津忠義烈士祠內。

林明堃表示菜園仔公廟旁為菜市場,在鹽水街區旁,現在是熱鬧的街市,以前是鹽水東往白河、北至布袋的道路,這間忠義烈士祠以幫人尋找失物出名,並且庇佑菜市場的舖戶生意興旺,所以香火鼎盛,鹽水人都知道這是一間紀念抗日烈士的廟。幾十年前臺灣流行大家樂時,也有很多人來這裡問明牌,至於靈不靈得看神明與信徒的機緣。[91]

圖 54　月津忠義烈士祠沿革碑
記錄了當年建廟的緣由與經過。
圖片來源:周芷茹於 2022/5/1 拍攝

2. 鹽水區水秀里七歲姑娘萬善爺公廟

地　　址:臺南市鹽水區北門路、朝琴路、蔦松路三叉路口
經緯度:23.323736369601153, 120.27211949739349

根據採訪,南瀛文化資產保護協會李榮昌表示,在鹽水北門路、朝琴路、蔦松路三叉路口「七歲姑娘萬善爺公廟」,是當年日軍攻入鹽水時,一位七歲姑娘的故事,[92]事件地點在進入鹽水鎮的三叉路上,即今南74線連接172線,可達白河,即1895年10月11日近衛師團從嘉義南下進占白河之後向鹽水推進的道路。經現場調查廟內

---

[91] 鄭道聰訪問,周芷茹紀錄,受訪者林明堃(1953),採訪日期為 2022/5/8,採訪地點為月津故事館(臺南市鹽水區中山路 23 號)。
[92] 鄭道聰訪問,周芷茹紀錄,受訪者李榮昌(1956),採訪日期為 2022/5/6,採訪地點為鹽水市場。

並無相關碑文資料及文字說明，廟內供奉2組神位，左為七歲姑娘、右為萬善爺。

李榮昌說明，這裡原是萬善爺廟，傳說當年近衛師團進軍至此，居民皆四處逃避，只有一位7歲的姑娘待在路口，日軍向她問路時，她故意指錯方向延誤日軍的行動，後來被日軍憤而殺害，當地人感念七歲姑娘的義行，因此立牌位入廟與萬善爺同祀。根據《攻台圖錄》的敘述，近衛師團右側支隊在10日從嘉義出發，尋找反抗軍的蹤跡朝鹽水一路追擊而來，11日上午9時已擊退反抗軍，因此當混成旅團部隊抵達鹽水港時，未遭遇抵抗即進入南門，旋即在第二天占領新營一帶。

「七歲姑娘萬善爺公廟」及「月津忠義烈士祠」皆位處近衛師團進軍鹽水的路線上，根據文獻記載，這兩間廟足可見證乙未抗日臺

圖 55　七歲姑娘萬善爺公廟門前對聯（一）
「七歲慈暉昭宇內　姑娘德澤佈人間」
圖片來源：周芷茹於 2022/5/1 拍攝

圖 56　七歲姑娘萬善爺公廟門前對聯（二）
「萬應威靈欽顯赫　善陳俎豆薦馨香」
圖片來源：周芷茹於 2022/5/1 拍攝

圖 57　萬善爺及七歲姑娘神位
圖片來源：周芷茹於 2022/5/1 拍攝

南戰場在鹽水的戰鬥史事，且在當地流傳已久，鹽水人皆知之能詳，因此本廟列入本次歷史場域的調查記錄。

3. 鹽水區舊營里歡雅萬應公廟

地　　址：臺南市鹽水區19線往歡雅里路邊，舊營里北方
經緯度：23.30487921843045, 120.26031686024197

　　依據鹽水月津文史工作室林明堃提供之線索，此萬應公廟在舊營里北方臺19線道路，俗稱中央公路，鹽水通往學甲路邊。此地原為清代南北官道，1895年日軍近衛師團與混成第四旅團在鹽水會合之後，依據作戰計畫往鐵線橋推進，在官道上遭遇地方鄉勇組團對抗，戰況激烈，相傳領導作戰的陳姓人士陣亡於此，後來民眾建廟祭祀，奉有神像，以萬應公廟之名在農曆四月十四日舉行祭典。1978年重建，經現場訪查祠內並無碑文，當地人士流傳此事甚久，當地仁光國小教師編撰本位課程將這間廟的故事引為鄉土教材。

圖 58　鹽水區歡雅萬應公廟外觀
圖片來源：周芷茹於 2022/5/1 拍攝

圖 59　歡雅萬應公廟主祀神像萬應公
圖片來源：周芷茹於 2022/5/1 拍攝

據林明堃表示,這附近原有忠義公祠現已不存,可能以萬應公之名合祀在此,而供奉有神像也較為少見。廟宇拜亭門柱上寫「**萬世長傳遠近香花　應求永庇四方蘋藻**」的對聯,表示永傳供奉神尊的德行,也與一般萬應公祠不同。[93]

4. 鹽水區舊營里四十六忠義公廟

地　址：臺南市鹽水區舊營里部落東北角的排水溝旁,前面500公尺外即是新營太子宮
經緯度：23.298618, 120.265996

仁光國小本位課程的資料中提到本廟亦屬紀念抗日烈士之廟,文字內容如下:「**日據時代,日本人逮捕反抗義士,將義士陳義、周貓致等45烈士和1隻忠勇護主之犬集體槍斃在此地,為紀念其保衛鄉土的犧牲精神,故蓋此廟奉祀他們。**」這段文字雖未說出明確日期,但敘述烈士遭日軍逮捕集體槍斃在此地,庄北的萬應公廟供奉神像一尊,此處則是供奉牌位,上書「四十六

圖60　四十六忠義公廟外觀
圖片來源:周芷茹於 2022/9/22 拍攝

---

[93] 鄭道聰訪問,周芷茹紀錄,受訪者林明堃(1953),採訪日期為 2022/5/8,採訪地點為月津故事館(臺南市鹽水區中山路 23 號)。

忠義公」，供奉45烈士和1隻忠勇護主之犬。參閱日軍的隨軍日記，對照地圖史料，鹽水歡雅、舊營等地確是日軍近衛師團南下進攻鐵線橋時的路線，此地有發生激烈的對抗，因此45人以上的集體死亡應是作戰陣亡，或是日軍進行無差別掃蕩時造成的傷亡，日方文獻並未記載到集體處決的記錄。廟拜亭立柱對聯為「四境黎民懷大德　六朝文物感宏恩」，橫批為「忠勇護國明守義」，內柱對聯「忠勇千秋隆祀典　義仁萬世盛香煙」，從「忠勇護國」、「忠勇千秋」、「義仁萬世」的字句，可知為描述當年地方鄉勇奮勇抗日的義行。本廟在地方的傳說由來已久，內容或有訛傳，但可信為當年的戰事遺跡。

圖 61　四十六忠義公廟祭祀空間
圖片來源：周芷茹於 2022/9/22 拍攝

圖 62　廟內所供奉「四十六忠義公」牌位
圖片來源：周芷茹於 2022/9/22 拍攝

5. 新營區角帶里姑爺儀民忠正公祠

地　　址：臺南市新營區姑爺里南72號道路北側,近角帶圍社區
經緯度：23.283797, 120.261919

圖 63　儀民忠正公祠外觀
圖片來源：周芷茹於 2022/9/22 拍攝

圖 64　儀民忠正公神位暨神位對聯
「忠仁永存保鄉境　正氣長照護國民」
圖片來源：周芷茹於 2022/9/22 拍攝

　　本廟位於南72線新營姑爺里角帶圍社區北側近挖仔社區,廟內並無匾額或碑等文物說明歷史源由,僅在祠左壁留有保安宮的聯絡電話。據主委邱文清表示,該祠廟已不知興建年代,亦不知是否為紀念抗日義士的祠廟,僅知庄內長老往昔皆於農曆十二月二十三日辦理祭祀活動。[94] 本廟牌位「**儀民忠正公神位**」,字面推敲「儀民」即是典範者之意。牌位兩側對聯「**忠仁永存保鄉境　正氣長照護國民**」,包括祠壁柱、立柱及外門柱上的對聯詞句,其中有「護國民」、「愛國」等詞句,可知被供奉者是面臨國難而挺身保護鄉民的義士,由於

94　鄭道聰訪問,周芷茹紀錄,受訪者邱文清,採訪日期為 2022/9/22,透過電話採訪。

此地離四十六忠義公廟並不遠，且立祠於田中似有其地理上的紀念意義，此一地點亦是日軍從鹽水南下進軍鐵線橋及掃蕩急水溪北側義軍的地區，做為抗日義士紀念的祠廟可能性極高。

圖 65　儀民忠正公祠壁柱及立柱對聯
壁柱：「忠義高名留竹帛　正誠素志表鄉閭」
立柱：「忠烈精神垂宇內　正心義理在人間」
圖片來源：周芷茹於 2022/9/22 拍攝

圖 66：儀民忠正公祠外門柱對聯
「忠勇愛國留萬年　正義衛民存千秋」
圖片來源：周芷茹於 2022/9/22 拍攝

6. 新營區鐵線里鐵線橋丁善義公廟

地　址：臺南市新營區鐵線橋新橋國小對面
經緯度：23.268774445790058, 120.27656673481982

　　日軍近衛師團於10月11日進入鹽水與混成第四旅團會師之後，即往南推進鐵線橋，13日起即有日軍在鐵線橋活動，後來以這裡為掃蕩急水溪北岸各庄的根據地。《攻台戰紀》載：「**旅團自十五日起開始掃蕩鹽水港汛附近一帶地方，大隊應於十七日到達鐵線橋。**」而且18日從鐵線橋出發向學甲方面各庄掃蕩，可見鐵線橋附近是當時重要的戰場。

本廟建在鐵線橋社區入口道路旁新橋國小對面，此地原是清代官道，是南北往來的通道，當年日軍從鹽水港沿著官道向南推進，占領鐵線橋以控制急水溪以北的各庄，與聯庄鄉勇展開激戰長達5天之久。本次訪查中發現本廟但查無資料，訪談也無結果，僅知建造年代並不久遠。林明堃等多人都指稱在日軍作戰的路線上，廟宇若有出現「忠」、「義」、「國」等字的廟名或相關聯文，且建廟時間是在日本入臺之後，都應與乙未抗日戰爭有關。廟名冠有丁字，可能指姓氏或指男丁，也許意指殉難者非一人，是一群男性鄉勇，非無主祭祀之有應公廟。本廟柱聯有「義」、「國」等字，應與抗日事項有關。

圖 67　丁善義公廟外觀
圖片來源：周芷茹於 2022/6/12 拍攝

圖 68　丁善義公廟壁柱及立柱對聯
壁柱：「義氣鐘亮滿民安　公正廉明萬民仰」；立柱：「丁火香濃佑庶民　善心愛國照太平」
圖片來源：周芷茹於 2022/6/12 拍攝

圖 69　廟內供奉丁善義公之祿位
圖片來源：周芷茹於 2022/6/12 拍攝

(二) 北門、學甲地區

1. 北門區鯤江里楝梛山義勇祠

地　　址：臺南市北門區楝梛山義勇祠
經緯度：23.279559, 120.145593

　　本廟沿革依據《北門區志》第二篇第三章第一節其內文記載：「（黃琦田）生於清同治九年（一八七〇）……23歲前往大陸南京就讀，回臺後憤於日人暴虐，籌組抗日組織，他糾集佳里、將軍等義士13人，伺機抗日，不幸事機洩漏，遭日警逮捕。……合計38人，被押至現在北門鄉鯤江村北楝梛殺害。」區志中針對這段史料說明：「查諸中、日文獻史料，黃琦田的生平與抗日事蹟完全付之闕如。」因此無從確認是否發生在10月10日到21日這段日軍南下進攻臺南府城的時期。而且所謂遭日警逮捕一事也有疑問，因為當時各地民眾反抗日軍，總督府採取軍政管理，至1896年4月才實施民政，在此之前尚無警察。即使後來進入民政時期，也不可能逮捕犯人未經審判即行處決，而且執行無差別掃蕩工作的是軍人，並非警察。因此建立楝梛山義勇祠的實情，內容尚有待查之處。

圖 70　北門楝梛山義勇祠外觀
圖片來源：周芷茹於 2022/6/12 拍攝

圖 71　義勇祠奉祀神尊
圖片來源：周芷茹於 2022/6/12 拍攝

除此以外,「回臺後憤於日人暴虐,籌組抗日組織」,更似描述日人實施民政後之民情,這樣的集體抗日事件一定會被記錄在《臺灣總督府警察沿革志》或是《臺灣憲兵隊史》,但細查文獻並無這項資料。

依據《南瀛抗日誌》呂正龍先生訪談:「當他們為此38位抗日義士撿骨時,38具骨骸分置二處,一處14具,另一處24具,皆身首異處,砍處呈斜狀,印證此38位全被集體處斬。」身首異處的狀況,也有可能是近距離激戰當下所導致,抑或被抓後集體處斬。說明此處是大量傷亡的地點,若是被集體處斬,則是軍方執行無差別掃蕩,日期屬於14日至17日的日軍清庄,或是18日王爺頭的戰鬥。因此本廟應列入戰爭歷史場域地點。

根據《南瀛抗日誌》所敘述,義勇祠的主神為黃府元帥,其本名為黃琦田,清季嘉義縣佳里堡番仔厝(今臺南將軍區西甲村番仔厝)人氏,生於同治9年(1870),兄弟有3人,黃琦田排行老大,妹二人。

擷取義勇祠的兩副對聯作為佐證:「義魄雲天好漢同新揚民族精神 勇士護民保國抗日乃壯烈成仁」;「義魄靈威顯赫鎮郡洲 勇猛除惡善求必有應」對聯中強調「義魄」、「揚民族精神」、「護名」、「抗日」,可信為紀念抗日義勇之歷史場域。

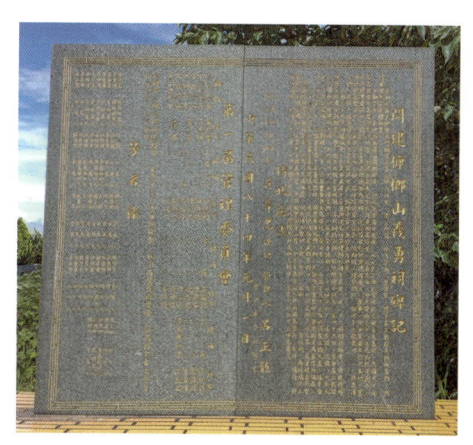

圖72 開建楝梛山義勇祠碑記(立於廣場)
圖片來源:周芷茹於 2022/6/12 拍攝

陸、歷史場域及記事

2. 北門區保吉里萬善堂

地　　址：臺南市北門區20鄰50號之10西興宮附近
經緯度：23.273692, 120.149710

　　本祠在北門區，往昔古戰場之區域有所傷亡，再加上有無人照顧之墳塚，便興建小廟奉祀。後因淹水和樹木砸毀廟頂等原因，有所損毀，遂請西興宮的吳府三王同意重建。

　　萬善堂奉祀萬善爺，座落於西埔內庄北，九孔嶺大水門西側，從84快速道路第42號高架橋旁小路進去右轉3百公尺即可抵達。萬善堂原是小祠，據西興宮總幹事林金寶表示，地方父老世代相傳，日軍在「馬關條約」清朝割讓臺灣之後，派兵來征討臺灣的反抗勢力，戰火延伸到臺灣南部時，第四混成旅團在布袋登陸，進軍到九孔嶺渡仔頭、王爺頭、蚵寮一帶，與地方義勇發生數次激戰，傷亡之人就地掩埋，後來因發現墳塚無人照顧，因此乃就地建小祠供奉。林金寶說他祖父曾有交待後代，這座萬善堂內供奉神位有祖先在其中，因此子孫每年按歲時例祭。由於萬善爺保佑漁民多有顯應，漁產豐收，蚵寮地區附近的民眾供奉至為虔敬，於每年除夕日均備辦敬品祭拜，後因年久失修，經西興宮吳府三千歲降乩指示重建，2021年重建完成後，請示神明改為農曆二月二日為祀神日。

圖73　北門萬善堂外觀
圖片來源：周芷茹於 2022/9/22 拍攝

圖74　廟內所供奉之「萬善爺」牌位
圖片來源：周芷茹於 2022/9/22 拍攝

圖 75　原萬善堂小祠之香爐，在廟宇興建後繼續沿用
爐身並無刻年代及其他文字，也無紋飾，觀其材質是臺灣的山石，應是河床沖積而來的鵝卵石雕刻爐型，見證萬善堂是由原小祠而改建。
圖片來源：周芷茹於 2022/9/22 拍攝

圖 76　萬善堂立柱對聯
「萬象敬仰三柱薰香表虔誠　善行包容一心弘道揚正氣」
圖片來源：周芷茹於 2022/9/22 拍攝

　　本廟位於南鯤身代天府東南方，離楝梛山義勇祠僅有數百公尺，往東1公里多即是竹篙山忠神公廟，為林崑岡烈士殉難處。依照日軍進軍路線及隨軍日記等文獻記錄可知，從10月13日至18日之間，由於地方庄民有組織的反抗，迫使日軍在此地展開激烈的掃蕩戰鬥，造成大量傷亡，三座抗日義士紀念祠廟足徵見證日軍在1895年10月10日布袋口登陸之後，地方庄民在北門及學甲地區群起反抗的事蹟。

3. 學甲區東平里將善爺廟

地　　址：臺南市學甲區東平里南70市道，1.7公里北轉至田寮大排邊
經緯度：23.26250, 120.21812

　　本廟所在原地名學甲寮庄外，地處臺19省道轉70市道，往鐵線橋方向在田寮大排邊上。許獻平著《學甲鎮 有應公廟採訪錄》記載：「一八九五年日軍兵分三路，展開改臺戰役，遭到臺灣同胞

激烈的反抗。伏見宮貞愛親王率一軍登陸嘉義布袋嘴後,兵分二路向臺南府城推進。其中一路日軍經學甲寮往學甲推進時,被躲在田寮大排堤岸下的義軍,以割刀(柴刀綁在竹竿上)割下多位騎馬的日軍,造成日軍的大屠殺,義軍屍橫遍野。」[95]依據日軍《乙未之役隨軍見聞錄》記載,10月14日混成旅團和近衛師團在鹽水港會合之後共同進軍鐵線橋,由於南進軍司領官高島鞆之助發出「以懲戒為目的」的剿討令,升高了衝突的態勢。第五聯隊掃蕩學甲至鹽水之間的村落,由於鄉勇突襲日軍的後勤運輸造成傷亡,使日軍分不出庄民中誰是反抗者,因此針對鄉勇集結的村庄就先砲擊再放火燒庄驅趕庄民。

圖77　將善爺廟外觀
圖片來源:鄭道聰於 2025/3/19 拍攝

　　本廟位處當時日軍第五聯隊設哨線掃蕩急水溪沿岸村庄的路線上,日軍從這裡向西推進經過倒風寮、二港、頭港、蚵寮,逼進王爺頭,本廟即是戰役之後為陣亡的鄉民就地掩埋所立的小祠,為庄民所紀念崇祀。本廟建築係2006年重建,廟內神主牌上書「將善爺」,門前對聯:「將魄忠肝垂萬古　善魂義膽炳千秋」嵌入「將善」標示著當年鄉民奮起抵抗外人入侵,忠肝義膽不屈的勇氣。

95　許獻平,《學甲鎮　有應公廟採訪錄》,南瀛厲祠誌,臺南縣政府,2006年,頁175。

圖 78　將善爺廟門前對聯
「將魄忠肝垂萬古　善魂義膽炳千秋」
圖片來源：鄭道聰於 2025/3/19 拍攝

圖 79　將善爺廟祭祀空間
圖片來源：鄭道聰於 2025/3/19 拍攝

4. 學甲區宅港里楊府元帥祠

地　　址：臺南市學甲區宅港里臺19省道，西轉南7市道，在1.5公里處二港橋西南方約200公尺，前進至堰堤前左轉順田間道路進入

經緯度：23.265057, 120.190397

　　本祠在學甲區宅港里北方，從臺19省道進南7市道至二港橋，上橋左望西南方即可見到祠廟立於田野之中，再前進至鹽水溪堰堤前左轉順田間道路蜿蜒進入即可到達本廟。據文史工作者陳金華告知，此

圖 80　楊府元帥小祠外觀
圖片來源：鄭道聰於 2025/3/19 拍攝

圖 81　楊府元帥小祠祭祀空間
圖片來源：鄭道聰於 2025/3/19 拍攝

地有小祠，為1895年學甲地區鄉民奮起反抗日軍而殉難的紀念祠，經實地尋訪果見此祠立於玉米田中。依據許獻平著《學甲鎮 有應公廟採訪錄》：「一八九五年日本侵臺時，學甲附近的抗日義民據守在一條深約2丈的溪溝裡。溪溝往西通北門，往東達鹽水鎮的竹仔腳，當其他的抗日隊伍紛紛被擊潰時，據守溪溝的義民猶能與日軍相對抗，乃拜溪溝地理上的優勢。直到後來日軍從北門、竹仔腳雙面夾攻時，抗日義民才潰敗，死傷慘重，屍橫遍野，血流成河。」[96]後來庄人為紀念英烈，乃在學甲慈濟宮保生大帝與二港玄天上帝聯合踏勘下，於二港橋的橋頭創建小祠，並取神名為「楊府元帥」，與「福德正神」共立神位同祀，1976年遷至橋西南方田邊道路旁。

依據日軍《乙未之役隨軍見聞錄》記載，10月14日混成旅團和近衛師團在鹽水港會合之後共同進軍鐵線橋，由於南進軍司領官高島鞆之助發出「以懲戒為目的」的剿討令，日軍第五聯隊由鐵線橋向西推進至倒風寮及二港仔，此地為急水溪的行水區，支流沼澤、蔗園溝壑地形複雜，庄民以此地理優勢與日軍糾纏對戰數日，後遭日軍清庄掃蕩而致傷亡慘重。此祠見證當年英烈事蹟。

5. 學甲區光華里忠神公廟

地　　址：臺南市學甲區南1道路近84快速道路東側
經緯度：23.269077, 120.166399

本廟廟前有說明牌，昭示崇祀對象為抗日英雄林崑岡，其事蹟依據《北門區志》第二篇第三章第一節，三、烈士林崑岡內文記載：「今日學甲鎮竹篙山忠神殿，據說即是在其『殉難處』，從一個小

96　許獻平，《學甲鎮 有應公廟採訪錄》，頁171。

圖 82　學甲忠神公廟外觀
圖片來源：周芷茹於 2022/9/5 拍攝

圖 83　忠神公廟正殿神龕上方匾額暨對聯
匾額：「正氣參天」
對聯：「忠勇精誠抗日雄心壯　神靈赫濯護民正氣昭」
圖片來源：周芷茹於 2022/9/5 拍攝

祠一再重建而成今貌。」另又有說明「九孔嶺」抗日遺址，其內容如下：「西埔內、尖山仔（灰磘港）庄民持刀在此與由布袋登陸的日軍發生殊死戰，義軍因死傷慘重而潰敗，日軍乘勝由此向東進逼竹篙山，與帶領西甲戴家『被牌陣』的林崑岡，發生史上有名的『竹篙山之役』。」可見戰役在今學甲及北門之間的田野沼澤地區。

顯然，九孔嶺到竹篙山之役和林崑岡殉難有直接的關係。參照日方文獻《攻台戰紀》、《攻台見聞》、《乙未之役隨軍見聞錄》等三本書分別記載，日軍混成第四旅團在10月15日至18日完成急水溪南岸、北岸分區掃蕩之後，19日已進攻蕭壠，因此竹篙山之役在18日已經是日軍最後總攻擊清理戰場，林崑岡在此時應已殉難。後來，地方人士在此地建廟以茲紀念。於每年農曆二月初七都舉行盛大的祭拜儀式。

依照地方傳說，林崑岡死事甚為壯烈，廟前碑文即敘述：「今日之戰，若是日本大限已終，必然一敗塗地，否則我林崑岡，願中頭門銃，以免同胞多受殺戮之禍。」其意為如果日本不該占領臺灣，今

圖 84　忠神公廟主祀神忠神公
圖片來源：中央研究院臺灣史研究所提供

圖 85　忠神公廟正殿楹聯
「筏山虎踞千秋存正義　頭水龍吟萬世仰忠魂」
圖片來源：周芷茹於 2022/9/23 拍攝

日之役當敗，不然就是我領軍作戰頭門中槍，大家散去，不要再遭日軍殺戮。當時林崑岡見召集鄉人抗日死傷甚多，實不忍再造傷亡，寧可自己帶頭殉身，以示負全責，可見其剛烈。採訪廟方表示臺灣光復後，省文獻委員會將林崑岡列為抗日十大烈士。

(三) 六甲、官田地區
1. 六甲區水林里甲東「四千宮（四王公廟）」

地　　址：臺南市六甲區中正路910號
經緯度：23.23671267631155, 120.35451017524329

　　四千宮又稱四王公廟，門前拜亭2副對聯，內容如下：
　　前聯「四方旺氣布滿宮貌顯巍峨　王恩錫福光被惠民護無疆」
　　後聯「忠烈往事昭昭千百年　義氣赤心耿耿億萬載」

廟內右壁有一篇《中央日報》記者於1974年「抗日志士四王公遇難八十週年紀念」文字敘述，「**有一群熱血愛國青年五百餘人，不受外人欺凌與侮辱而群起反抗。**」由於日方的資料在六甲地區並未有鄉勇群起對戰的記錄，所以判斷可能是支援防守曾文溪鄉勇的村民，在探查情報時與日軍發生衝突被殺害。本廟所供奉之四王公分別是蔡滾、蔡城、葉波安、王武，係乙未抗日時抵抗犧牲的烈士。

圖86　四千宮外觀，後方新建玉山宮
圖片來源：周芷茹於 2025/2/22 拍攝

圖87　四千宮正殿
圖片來源：周芷茹於 2025/2/22 拍攝

依據1895年10月近衛師團左縱隊的行軍路線，19日時進軍六甲，20日上午6時出發時沿途有小規模的遭遇戰。根據《攻台見聞》記載：

> 二十日上午六時，左縱隊向六甲出發，進向曾文溪右岸的敵軍。然而夜來霧深露重，無法展望1百公尺以外的地方，藤村少佐所率領的前兵因此走錯路，繞向東方搜索敵軍位置，途中發現有3、4人好像敵軍斥候，將之擊殺……[97]

---

[97] 許佩賢譯，吳密察導讀，《攻台見聞：風俗畫報・台灣征討圖繪》，頁 418。

這間供奉四王公的四千宮建在進入六甲聚落的道路邊，是當年日軍南下進軍的路線，且在乙未抗日後即被地方人士建廟流傳事蹟至今，廣為民眾所信奉，足以見證史事。

2. 官田區官田里菩崎「萬聖公廟」及「小菩薩廟」

地　　址：本廟的位置在官田郊外，官田溪之旁，南117、120市道之間，八田路三段東側
經緯度：23.187053961904923, 120.35019265569929

本廟依據廟方碑文敘述，為紀念乙未抗日殉難志士所建，稱應公廟，後來曾遭日人拆除，二戰後鄉民又重建而稱萬聖公廟。其旁小菩薩廟據傳亦有得道神物在此修行，兩廟中間有百年苦苓樹，樹蔭蓊鬱，前臨官田溪，地理環境優美。

依據主任委員陳登山的說法，該地方是當時處決抗日人士的刑場，[98]然而細考文獻日軍南下時，在官田有零星戰鬥，並沒有發生大規模的武裝衝突，所以「刑場」之說有待考證。另據《攻台見聞》記錄，1895年10月20日近衛師團右縱隊從茅港尾進入麻豆後向曾文溪庄進攻，左縱隊從六甲出發要越過曾文溪前往灣裡，萬聖公廟所在是日軍進軍之處，發生鄉勇與日軍的衝突，犧牲烈士遺骸收容埋葬於此，鄉人遂在此建廟。萬聖公廟對聯「萬道祥光臨德澤　聖

圖88　萬聖公廟前有拜亭，旁有小菩薩廟在百年苦苓樹旁邊
圖片來源：周芷茹於 2025/2/22 拍攝

---

[98] 劉采妮訪問，受訪者主委陳登山及會計張晉魁，採訪日期為 2021/7/28/，採訪地點為萬聖公廟及小菩薩廟前。

圖 89　萬聖公廟祭祀空間
圖片來源：周芷茹於 2025/2/22 拍攝

圖 90　小菩薩廟祭祀空間
圖片來源：周芷茹於 2025/2/22 拍攝

明瑞氣護家邦」，及小菩薩廟對聯「乾坤供養舊山河　天地展開邀明月」，一方面說神明的功勳地位，另一方面「護家邦」、「舊山河」文詞也意指義勇事蹟。

鄉民於農曆二月二十六日祭祀萬聖公，至於其旁之「小菩薩廟」，則是在戰後重建時主事者夢見神物顯靈，經輦轎出示於夢中現身的神物是「小菩薩」，指示需在萬聖公廟龍面苦苓樹下另築一廟供奉，將空間區隔做為修行，因此才出現兩間相鄰的廟。

3. 官田區烏山鎮護宮

地　址：臺南市官田區八田路三段至時間廊道前向右小路進入，路邊有簡易牌樓門坊可示
經緯度：23.20489687306374, 120.36134087329901

鎮護宮供奉鎮護娘娘，名劉白，是地方人士。據廟方執事人員黃基成表示，1895年乙未戰役日軍南下經官田時地方人士群起抵抗，婦孺亦不相讓，劉白與兩位婢女同時殉難，被埋於現今廟址南面數百公尺，後顯靈於此地建廟，因忠節之氣保佑地方民眾，神威靈異、香火鼎盛。

圖91 鎮護宮前臨烏山頭堰堤及排水渠道，風景優美
圖片來源：周芷茹於2025/2/22拍攝

圖92 神龕中正座者為鎮護娘娘，兩側旁祀原為女婢，亦壯烈成神
圖片來源：周芷茹於2025/2/22拍攝

　　黃基成表示1920年八田與一蓋烏山頭水庫因工程不順前來上香，祈求保佑，暫時將廟遷移，以便開通渠道，果然順利開通烏山引水，於是八田指示將廟地填高，再將廟遷回原址供奉，此一史事地方耆老皆知，但未記載於文獻之中。鎮護娘娘更得地方人士所崇祀，廟於戰後再建，廟門對聯「**鎮此南臺勝地長恩無境在　護延北域良民永庇有神威**」，神龕對聯「**鎮守名區一點真心同媲美　護持勝境千秋性共留芳**」可見其事蹟。

　　在神龕座中鎮護娘娘與左右兩位婢女同祀，共有3尊。左側為註生娘娘、右側為福德正神，可見與一般紀念祠不同，已是庇佑眾生的地方角頭廟宇，農曆八月七日為其祭祀日。現任主任委員胡基元。

(四) 佳里、七股地區

1. 佳里區建南里廣安宮將軍府

地　址：臺南市佳里區新生路建南里441巷94號
經緯度：23.156688231091653, 120.171914733416713

　　依據《臺南縣志》載：

圖 93　廣安宮外觀
圖片來源：周芷茹於 2022/7/12 拍攝

圖 94　廣安宮正殿空間
圖片來源：周芷茹於 2022/7/12 拍攝

> 廣安宮，在佳里鎮建南里，民國十一年建，祀孔德尊王，原係樹神，當時請靈來祀者，頗靈驗佑民，每年農曆四月二十九日祭典，盛況為佳里鎮祭神第一位，西傍隔壁另有道仁堂，建廟較早，祀張將軍，農曆七月四日祭典，信者不及孔德尊王多。[99]

佳里廣安宮主祀「孔德尊王」，原稱「樹王公」及「樹王廟」乃管理陰魂的大神，在蕭壠香中領有「安撫孤魂令」，應屬泛靈信仰的廟宇。

圖 95　主祀神孔德尊王
圖片來源：周芷茹於 2022/7/12 拍攝

99　吳新榮、盧嘉興纂修，《臺南縣志》，臺南縣政府，1980 年，頁 485。

廣安宮旁有將軍府,源於1895年乙未抗日,日軍混成第四旅團10月10日至布袋口登陸後南下,在鹽水、北門一帶經過7天與反抗軍的戰鬥;18日又從鐵線橋調部隊圍攻竹篙山、王爺頭、蚵寮,取得勝利,於19日從蚵寮南下,20日經苓仔寮向蕭壠街前進,沿途多次與地方鄉勇發生遭遇戰。

由於蕭壠街及郊外地形是檳榔樹林及蔗園,使日軍無法開展作戰隊形,遇到鄉勇的射槍狙擊時,隨即還以猛烈的砲火轟擊,再以步兵衝鋒掃蕩,造成大量庄民死亡,當時還有許多從北門一帶逃避戰火而來的人,以及各路的鄉勇,俱亡於這場戰火之中,這即是著名的「蕭壠走番仔反」事件。

關於當時的狀況民間有許多傳說,在《台灣抗日秘辛——蕭壠走番仔反》[100]書中即描述如下:

> 日軍所經過地方都遭到極力頑抗,使日軍疲於奔命。如蕭壠戰役時,婦女唯恐因小孩的哭聲被日軍發現隱藏位置,乃含著淚水把襁褓中的幼兒也活生生掐死,一時鬼哭神號。日軍一再使用焦土政策,所經之處,一律夷為平地,村民格殺勿論。蕭壠則因全庄居民慘遭屠殺,所以後人將該地名叫為「消人」,使人憶起當時的悲慘世界。

可見蕭壠地區當時應是死傷慘重,並且有許多村人受到波及。經過日軍掃蕩,當地人將這些死難者就地掩埋,建立小祠,但由

---

[100] 曾旺萊,《蕭壠走番仔反:台灣抗日秘辛》南瀛文化叢書75,臺南縣立文化中心,1998年,頁55-56。

於有許多冤死者,當地並不平靜,參照《佳里鎮誌》之描述:

> 日軍攻臺時,在佳里展開大屠殺,使佳里變成一座枉死城。無辜慘死民眾及義士亡魂,四處流浪漂泊,結黨成群作怪,使佳里成了陰風慘慘,極為陰森的地方,居民疾病猖獗,面黃肌瘦,民心惶惶,永無寧日,雖建立多座萬應祠,仍無法改善。[101]

於是在1923年,地方耆老及保正向當時北門郡守酒井正之建議,為這些30幾處無主祭祀的小祠舉行安魂儀式,追荐逝者以靖安地方,並集中祭拜。獲得官方支持後請示金唐殿三千歲,指示迎請北港天上聖母與南鯤鯓代天府吳府千歲啟駕來踏輦,輪流排案扛轎問神。據聞,當時在拆各地有應公廟時,只要時辰一到,那時庄民只要碰到菜刀、斧頭或其他鐵製工具者立即起乩,飛奔前往預定拆除的有應公廟,參與拆除工作。經過1年多的時間將30幾處有應公祠的陰靈迎請至廣安宮右側祠堂立將軍府,庄民按時舉辦祭祀,而成地方民俗。

廟方也表示,將軍府神像坐鎮的神案下方,埋有眾多的骨骸,這些骨骸僅是當

圖96 廣安宮將軍府
圖片來源:周芷茹於 2022/7/12 拍攝

---

101 陳巨擘主撰,《佳里鎮誌》,佳里鎮誌編纂委員會,1998年,頁389。

年建廣安宮時從廟下方的地基處挖出的,若擴延至2公里外的墓塚地及古戰場,會有更多骨骸埋藏於此。

　　將軍府的神房楹聯「忠魂安伴將軍右　義魄同瞻俎豆馨」,橫批為「正氣壯中華」、「將範常留千古頌　軍揚異域兆民欽」,橫批為「不忘東倭恥」,這些楹聯文字清楚的敘明廟史與抗日有關。

圖 97　將軍爺
圖片來源:周芷茹於 2022/7/12 拍攝

2. 佳里區通興里鎮山宮

地　　址:臺南市佳里區通興里埔頂社

　　鎮山宮大門對聯寫著「鎮殿威儀抗暴精神長不泯　山宮壯肅除奸膽氣永留傳」可見宮中供奉的主神其事蹟屬抗暴事件。「黃府志勇雙全威人象　元帥靈富貴迎祥平安」,可知供奉神尊為黃府元帥。鎮山宮小祠原名黃府元帥廟,據傳祀奉因抗日犧牲的黃姓人士,亦即七股看坪村「境安宮」小祠所祀奉的「黃府元帥」。[102] 兩間廟供奉的是同一件事情的同一尊神祇。

　　根據《南瀛抗日誌》所敘述:

---

102 許獻平,《佳里鎮　有應公廟採訪錄》,南瀛厲祠誌,臺南縣政府,2006 年,頁 97-103。

在鎮山宮主委黃明道先生追憶其先父的敘述,印證黃府元帥確實為一八九五年,日軍攻占臺南府城時期,極力抗日的忠烈義士,而且也探知此黃姓義士為佳里鎮人士。據臺南縣七股鄉看坪村股尾「境安宮」的主神緣源,有一段記述,與此廟有密切關聯:境安宮主祀大境主、二境主和黃府元帥,只知他們分別姓黃、周、郭。一八九五年十月,貞愛親王的混成第四旅團由布袋口登陸……此3位義士獲知此事後……潛藏在七股鄉看坪村尾股的一處林投樹內,伺機行事。後來周、郭2位義士不幸當場被日軍射殺,姓黃的義士逃至佳里鎮頂埔,卻不慎墜進捕豬用的陷阱,被追到的日軍擊斃。據傳此位黃姓義士就是頂埔「鎮山宮」主祀的神祇──黃府元帥。[103]

圖 98　鎮山宮外觀
圖片來源:楊雅萍於 2023/9/12 拍攝

圖 99　鎮山宮正殿空間
圖片來源:楊雅萍於 2023/9/12 拍攝

---

103 涂順從,《南瀛抗日誌》,頁 237-238。

另外,可參照《佳里鎮有應公廟採訪錄》:

> 有3位抗日義士因戰事失利而被日軍追殺。3人逃到看坪今「境安宮」小祠後的樹林時,其中郭姓、周姓2位抗日義士被執殺害,黃姓抗日義士最後被追殺於今通興里埔頂後堀仔墩,壯烈成仁。

此地之所以建廟,乃是由於附近村民感念其忠義,乃在大正10年(1921)搭蓋草寮奉祀其英靈。昭和元年(1926),在埔頂、大寮二庄長老主持下,拆除草寮,重建磚牆紅瓦有對彎拱門的二落祠廟,並題額:「黃府元帥廟」且雕塑1尊1尺2寸的金身,以接受信徒按時日香火奉祀。

3. 佳里區鎮山里武安宮
地　　址:臺南市佳里區信義街21巷與臺19線之間的溪仔底

位於佳里鎮鎮山里溪仔底的「武安宮」,雖創建於1978年,但它的歷史與日軍進入蕭壠肅清地方有關。

鎮山里武安宮是溪仔底有應公廟,最初祠貌不得而知。佳里鎮因1895年日軍在此造成屠殺,小廟林立,使地方陰森荒涼,1923年,南鯤鯓五王南巡,乃玉旨下令移靈拆除小廟,將大小有應公集中奉祀於鎮山里第十五角的將軍府,溪仔底的「有應公廟」原是其中之一。

只是後來傳說溪仔底有應公之英靈已於溪仔底得到好的地理,得以安身立命,渡化世人,不願受廣安宮將軍府的節制,英靈乃回到溪仔底,安位在溪仔底的竹林內。雖沒有了祠廟,以竹林為渡化之地,但因溪仔底竹林人跡罕至,地氣陰森,因此傳說作祟事件層出不窮。每次鎮山宮主祀池府千歲巡行至此,神轎必衝入竹林內衝

圖 100　鎮山里武安宮祭祀空間（一）
圖片來源：楊雅萍於 2023/9/12 拍攝

圖 101　鎮山里武安宮祭祀空間（二）
圖片來源：楊雅萍於 2023/9/12 拍攝

撞一番以圖安靖。

　　1978年因信徒林良賀的女兒病入膏肓，藥石罔效，請示林姓角頭供奉之池王旨意，池王降乩說：溪仔底有應公因得地理，希望能立祠成正神，得香火奉祀以渡世人。

　　該地里長蔡金樹遂出面奔波協商，得到居民認同，最初在竹林裡涵洞置香爐，供居民問事祭拜，未想神蹟不斷顯赫，祝禱者皆能順遂平安。後來大家樂盛行，有應公成為祈求明牌之所，溪仔底亦不例外，許多樂迷得到彩金，甚至是全臺唯一浮現特仔尾的有應公廟，因此信眾在1988年建小木祠，神靈降鑾自言，渠為「南方大神」，計有7人，其中一人為女性，老三為文身，餘皆習武，並自顏其廟額為「武安宮」，聖誕日為農曆十二月二十六日，及六月十八日拜奉池府千歲聖誕。神明生時請信徒來祭拜，但不必演戲，而成為地方傳奇。

4. 七股區看坪里境安宮

地　　址：臺南市七股區看坪里5212號
經緯度：23.12266867347122, 120.14939662704703

　　本廟在七股近麻豆地區，從地理位置判斷是1895年10月21日混成第四軍團第五聯隊的支隊前進路線，該支隊於21日下午抵達七十二份（臺南市七股區竹橋），即本廟所在位置附近，並在東方的沙凹庄（臺南市西港區砂凹子）宿營，隔日抵達曾文溪渡口渡河。本廟所奉祀的城隍大境主、城隍二境主、黃府元帥三位尊神，應是在本地的接觸戰中不幸犧牲成仁。後來因多次顯聖庇佑地方，因此地方人士於1913年建廟，歷經整修始有今貌。

圖 102　境安宮外觀
圖片來源：周芷茹於 2022/7/12 拍攝

圖 103　境安宮正殿空間
圖片來源：周芷茹於 2022/7/12 拍攝

圖 104　境安宮主祀神城隍大境主、城隍二境主、黃府元帥
圖片來源：周芷茹於 2022/7/12 拍攝

境安宮沿革碑文中:「初期日本政府派駐台灣軍警均以武力手段欺壓百姓,專制統治,促使台灣人民苦不堪言生靈塗炭,民不聊生,四處喚起反日,南北各地私自組團起義。」這段文字並不符合史實,1895年日軍進軍臺灣討伐期間以軍事管理,並無警察,占領全臺之後實施民政才有警察編制進行社會管理。而查《臺灣總督府警察沿革志》或《臺灣憲兵隊史》並無這起治安事件,因此推測應是日軍在掃蕩蕭壠之後往七股推進時發生的衝突,因此列入本次調查記錄。

5. 七股區竹橋里「城隍廟」小祠

地　　址:臺南市七股區竹橋里竹橋國小旁
經緯度:23.10140229899487, 120.15903125608618

創建年代約在1901年,根據《七股鄉　有應公廟採訪錄》所述,「一八九五年日本攻臺時,抗日義士節節敗退,有個以鐵鍊為武器的營長和他的副營長,在蕭壠之戰敗退至看坪7鄰附近時,副營長被殺,營長則在竹橋被執,壯烈犧牲。」[104]然而,此廟在1925年時遭日人拆除,後庄中執事與庄廟神明商量,經「城隍爺」同意,遷至頂義合西「洪將軍謝將軍」小祠旁,重建為草祠奉祀。

考察1895年10月21日混成第四軍團第五聯隊的支隊前進路線,該支隊於21日下午抵達七十二份(七股竹橋),依照採訪紀錄所言,這間廟也在日軍的行軍路線上,極有可能發生鄉勇抵抗而殉難的事件,不過日軍的文獻並無記載。

---

104 許獻平,《七股鄉　有應公廟採訪錄》南瀛厲祠誌1,鹽鄉文史工作室,2004年,頁44。

圖 105　七股竹橋村城隍廟外觀
圖片來源：楊雅萍於 2023/9/22 拍攝

圖 106　城隍廟祭祀空間
圖片來源：楊雅萍於 2023/9/22 拍攝

（五）麻豆、善化地區

1. 麻豆區新建里許真人公廟（許件烈士祠）

地　　址：臺南市麻豆區麻佳路一段35號附近
經緯度：23.184732663022693, 120.24080396598447

　　臺南麻豆文獻耆老詹評仁編著《光緒乙未（1895）戰役麻豆鎮抗日志士略傳》，其中列舉抗日英雄有文秀才的義勇軍統領郭黃恭、武秀才鄭邦榮、陳邦昌、陳祥鴻、郭黃池、柯文祥及鎮民郭期、許件、陳朝參等人。10月11日及17日兩度組鄉勇團至鐵線橋防衛日軍，發生遭遇戰時，郭期、許件、陳邦昌、陳朝參等多位鄉民陣亡。因此19日近衛師團攻進麻豆時，地方已無鄉勇進行有組織的抵抗，後來地方人士為紀念陣亡的義士，特別在新建里圓環邊建許件烈士祠，祭典日為農曆八月二十六日，麻豆鎮培文社區發展協會辦理追悼紀念會。另於港尾里客子寮建萬姓公祠，祭祀客子寮大溪邊抵抗日軍而陣亡的佳里興（臺南市佳里區佳里興）蔡麒麟義士，和同時陣亡的數名義士英靈。

　　本廟奉祀為護衛國土因而犧牲成仁的許件烈士和十餘位殉難烈

圖 107　許真人公廟外觀
圖片來源：周芷茹於 2022/9/2 拍攝

圖 108　許真人公廟正門對聯
「許公忠烈抗倭保土英風在　件事表彰著史留名浩□□」
註：因字跡不明，以□代替。
圖片來源：周芷茹於 2022/9/2 拍攝

士。後因麻豆圓環擴建，里長建議遷祠於此。廟中「許件烈士祠重建記」碑文資料詳述許件生平事蹟，唯殉難日期記為10月14日，亦有研究資料指稱許件是麻豆基督教事件的死難者，因為此時日軍在進行鐵線橋附近村庄及急水溪流域的掃蕩戰鬥，尚未進軍至麻豆。根據麻豆耆老詹評仁《臺南縣麻豆鎮耆老口述歷史紀錄》書中所述，許件隨麻豆鄉勇於10月17日赴鐵線橋應戰陣

圖 109　許件烈士之神像
圖片來源：周芷茹於 2022/9/2 拍攝

亡，對照碑文所記，如是日軍進軍麻豆的抵抗衝突，應屬10月20日日軍準備越過曾文溪之前在北岸的戰鬥。

　　以上說明無論許件及其他烈士是在10月14、17或20日的哪一天，在鐵線橋或麻豆庄外為保衛鄉土而陣亡，建廟地點確是日軍進軍路線，因此在西北方約2公里處也建有萬姓公祠紀念。這2間廟都

記錄著麻豆鄉勇在1895年乙未抗日的英勇事蹟。

2. 麻豆區港尾里萬姓公祠

地　　址：臺南市麻豆區港尾里客子寮大排溝旁
經緯度：23.212945, 120.214309

依據《臺南縣麻豆鎮耆老口述歷史紀錄》所述，在今客仔寮庄「萬姓公」小祠東北方3百公尺處（麻豆大排邊古墓塚），有一處「抗日戰役古戰場」。1895年10月18日，日軍由鹽水港南下逼近客仔寮庄，義首「蔡麒麟」係佳里興人氏，率義勇守客仔寮，與麻豆鎮海埔張姓人士，外號「九齒組仔」，在上述地點以一具克魯伯大砲轟擊日軍，後來客仔寮及海埔兩庄遭日軍燒庄掃蕩報復，今萬姓公祠即祭祀該戰役殉難英靈。

麻豆從前有「廿九陣」的「祭典」，係紀念1895年10月17日（農曆八月二十九日）地方人士組織鄉勇抗日殉難的日子，這個日子前後段時間陣亡的烈士都在這一天舉辦祭祀。

圖110：萬姓公祠外觀及壁柱、立柱對聯
壁柱：「萬靈顯赫保安四境　姓德祐民通達十方」
立柱：「萬條香煙傳導正氣　姓績歸真接迎禎祥」
圖片來源：周芷茹於 2022/9/2 拍攝

圖111　「萬姓公」牌位
圖片來源：周芷茹於 2022/9/2 拍攝

3. 善化區溪美里十九公祖廟

地　　址：臺南市善化區溪美里進學路善化國中南邊對面田間路邊
經緯度：23.141639125803547, 120.29140836154703

　　1895年10月19日近衛師團分二路南下，其中一隊在茅港尾和第四旅團會師，從麻豆南勢角、總爺進入麻豆到達曾文溪旁，下午受到南岸反抗軍的砲火射擊後，停頓下來重新擬訂作戰計畫，於20日凌晨越過

圖112　十九公祖廟外觀
圖片來源：周芷茹於 2022/6/4 拍攝

曾文溪，在砲火的掩護下進攻溪美庄與曾文溪庄，和反抗軍發生激烈的衝突。依據洪調水《冰如隨筆集》記載，當時善化人士陳子鏞募集民勇千餘人，聯合黑旗軍計4千餘人，在曾文溪南岸布防，並埋地雷火炮，建造炮壘與日軍對抗。不料日軍從六分寮對岸渡河，雙方交火，死傷不少，後來反抗軍被擊潰轉進臺南。

　　當時有19名義勇在溪美庄的南側高地受傷陣亡，當地居民就地掩埋，每年11月到該處祭拜，至1981年地方人士決定建廟，請文獻委員洪景星撰聯為記。

圖113　十九公祖廟正殿神龕
圖片來源：周芷茹於 2022/6/4 拍攝

圖114　十九公祖廟解說牌
圖片來源：周芷茹於 2022/6/4 拍攝

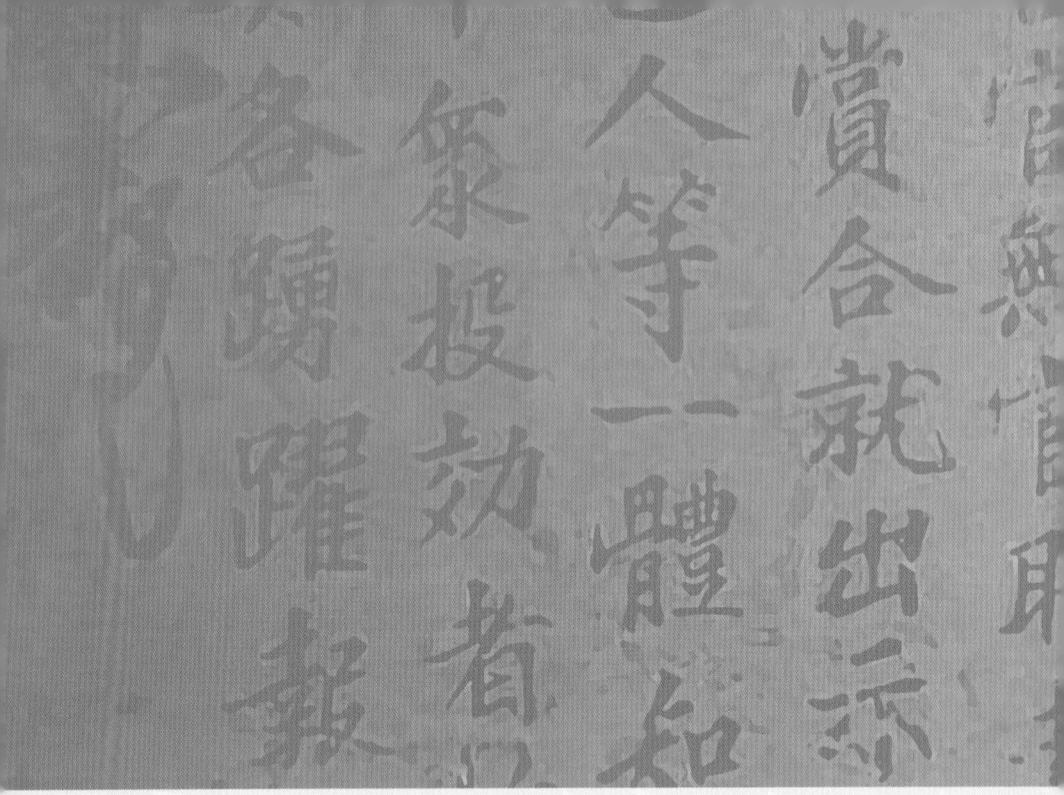
賞合就出示
人等一體知
衆投効者
各踴躍報

柒

綜論

柒、綜論

一、臺灣各地鄉勇抵抗的行動及意志

(一) 臺灣民主國敗兵紀律崩解與失序

當「馬關條約」在5月8日換約之後割讓臺灣已成定局，臺灣官紳人民力求自救乃成立民主國，並布建政府，但所組織的軍隊在5月29日日軍登陸澳底之後經歷幾場遭遇戰，可說潰不成軍；且大總統唐景崧出走，這些兵勇更是毫無軍紀，由官變匪四處搶掠騷擾百姓，最後日軍進城宣布敗兵處分諭告，才平息這一群烏合之眾的亂局。

思痛子在其著作《臺海思慟錄》即記載：

> 自十月初招募，迄歲晚，全臺報成軍者約五、六十營。次年春，編入伍者號百四十營之多。一時湘、淮、閩、粵、土、客諸軍，風聚雲屯，號三百數十營，兵力不可謂不厚矣。然各自為統，呼應遂以不靈。甚至與居民相尋鬥，視法紀如弁髦。故四月二十六日有革弁李文奎者，公然白晝手刃戕撫署中軍官方佐卿。省垣乃稍稍驚避。[105]

---

105 思痛子撰寫，《臺海思慟錄》，頁4。

民主國剛成立之時，承續先前清朝防衛臺灣的兵力，留下願意追隨唐景崧的各路兵勇，並編派駐地防務；只是兵力看似雄厚，各軍卻自行其是，難以協調呼應，甚至與居民發生衝突，視法紀如無物。而且在日軍登陸前夕，還有因糧餉問題而公然犯上攻擊衙署官員之事，可能暗示兵勇面臨大軍壓境趁火打劫的想法，此時軍紀已嚴重混亂。

這種無政府且軍隊無軍紀的狀態，致使散兵游勇潰散後變成盜賊。根據《臺海思慟錄》所述：

> 各敗軍游勇無賴土人，凶悍無人理，執槍隨手攻擊，甚於寇盜，獨不敢入洋市一步。即間有過者，亦寂然無譁，不敢從肆，亦異矣哉！諸西商，僅法國有保護兵百人耳。斯時滬尾無戰事，駕時商輪正停口內，軍民皆蟻附而登。海關委員以存課數萬舁入舟中，各軍均開槍環擊，礟臺亦升礟攔阻出口，謂：『撫軍初與吾輩約死守不去，今寇未臨於城下，潛挾貲而返，置吾輩於此，為倭人抗戰。舟一起輪，立開礟轟擊！』船主竟不敢啟輪，相持三日，舟中水米皆耗，數千人以為不飽魚腹，亦將飢斃舟中。船主與海關西人商，將關課舁上，礟臺撤去巨礟機器。十四日早駛出，法國兵船護夾而行。甫啟輪，觀音山小礟臺又然車輪礟擊中官艙，死者8人、傷者十餘人，血飛肉薄，舉舟皆無人色。法國兵輪開巨礟擊毀礟臺，始衝波而出，數千人乃獲更生之慶焉。撫軍究未乘此輪，當夜附他輪去矣。[106]

---

106 思痛子撰寫，《臺海思慟錄》，頁9。

這些敗兵潰散之後成群結隊，在街上隨意搶劫，迫使商舖閉門不敢外出，以免遭禍。唯獨洋人做生意所在的大稻埕、淡水地區卻不敢踏入一步，可能是顧忌有洋兵保護，且驚擾洋商可能引起外交事件，甚至影響日後回中國內地，而不敢輕擾。然而最後據守堡臺的兵勇，聽聞唐景崧捲款且即將坐船而去時心生不滿，甚至引發砲擊事件，可見軍紀敗壞。

　　在臺南防守的劉永福則是成立籌防局，發行官票籌組經費，招募鄉勇，編組防衛，維持民主國的運作以爭取財源。劉永福治軍較嚴，親自督導各地防務，並派兵北上支援彰化、嘉義的防守戰，但

圖115：乃木希典與臺南市代表
1895年10月中旬日軍欲三路圍攻臺南，10月19日劉永福率其親信自安平遁走，府城長老教牧師巴克禮、宋忠堅與許廷光等數名仕紳代表，於10月20日夜間赴紮營於二層行溪畔的日軍第二師團營區見乃木希典師團長，巴克禮回憶道：「他（**乃木希典**）**問我們是否願意引導日軍進入臺南府城。我回答正有此意，將軍便告訴我們，五時整出發進入臺南府城。**」
圖片來源：中央研究院臺灣史研究所檔案館典藏

是等到日軍進入臺南戰場之後，劉永福二次託英國人向日軍議和皆不成，黑旗軍各營的兵勇已逐漸放棄抵抗的意志。10月20日清晨劉永福搭船離去，日軍近衛師團及混成第四旅團分別進攻曾文溪庄及蕭壠街發生激戰。黑旗軍見主帥離走，也脫離戰場回到府城四處搶奪劫掠，臺南紳民不得已委請巴克禮牧師率信徒去二仁溪，會見第二師團的乃木希典將軍，促請儘速派遣軍隊入城維持秩序。21日日軍進城收繳敗兵槍械維持治安。

（二）臺灣民主國的困境：糧餉短缺

在臺灣民主國後期時如何維持黑旗軍之軍力，特別是糧餉短缺，成為了一個嚴重的問題，也成為他們無法維持良好軍紀和戰鬥力的主要原因之一。這一情況以陳子鏞的經歷作為佐證。

陳子鏞不僅捐獻了自己的私人財產，共計40萬白銀，還擔任臺南籌防局的局長，負責維持治安和籌募軍餉。然而，臺灣民主國缺乏後援，資源有限，無法提供足夠的資金來支付軍隊。根據《冰如隨筆集》記載：[107]

圖116 陳子鏞，攝於廈門鼓浪嶼
圖片來源：《冰如隨筆集》

---

[107] 洪調水，《冰如隨筆集》，大明印刷局印刷，1980年，頁72-75。

十月,日本軍南下,陳氏在本鎮募集民勇千餘人,聯合官兵計4千餘人,往曾文溪南岸,埋伏地雷火炮,建造炮壘與日軍對抗。不料敵人由六分寮對岸獅子山南渡,當時降火交加,死傷不少。旋因彈糧不濟,轉進臺南。

劉將軍知大勢已去,偕陳氏及其參謀趕到安平,坐英船「爹厘士號」內渡。後日本軍艦亦追至,令停船入內搜索,幸船長以政治犯加護,匿諸石炭室下,始獲免。船直指廈門登陸,租雷氏宅寄寓。未幾,臺灣樺山總督派川原義太郎等3人,到廈門招撫,且約以重用,陳氏婉轉却之。事聞清廷,光緒帝特賜褒忠狀。

嗣後陳氏生活日困,無法維持,乃潛回故鄉以收租款。是時軍政已撤,刑警探知之亦不敢如何。民國元年患惡性瘧疾而逝,享年五十有四,葬於本鎮鈴仔林埔。

可見當日本南進軍南征時,陳子鏞試圖募集更多鄉勇聯合黑旗軍抗日,但戰事升級時,彈藥和糧食的不足導致士兵面臨極大的困難,這種狀況進一步加劇了黑旗軍的潰散。

(三)鄉勇的組織與抵抗

1. 武器與人員的動員

《征臺軍凱旋紀念帖》的照片及資料顯示,日軍進入臺南戰場時,鹽水有黑旗軍駐守,雙方發生遭遇戰,之後都是地方鄉勇組織隊伍出面戰鬥。即使在臺南指揮的劉永福曾派軍隊前來支援,但在兩軍遭遇時都不戰而退,帶不走的大砲留下給鄉勇操作使用,所以日軍虜獲的戰利品有大砲的紀錄。鄉勇的武器依照各項文獻紀錄,使用的是比較落伍的火器,甚至是冷兵器的刀械。日軍在彰化休

整,重組南進軍進攻嘉義、登陸布袋,分二路進攻臺南時,有完整的作戰計畫及隊伍。關於黑旗軍怯戰的情形,根據《乙未之役外文史料編譯》所描述:

> 當地民等聲稱臺南安平附近黑旗、盛字、土民三種兵尚有4萬餘名。又,前些時候便有進攻之勢;黑旗軍等聽聞臺灣府、彰化等地戰敗,突然有退卻之狀;據大島參謀長所得到相關方面之情報顯示:彼等將據守臺南附近云云。[108]

可見黑旗軍雖人數亦不少,然而聽聞節節敗退的消息後,軍心渙散。地方鄉勇從10月11日抵抗至20日,主要是憑著保衛鄉土的精神和一股不屈服的意志力。

圖 117　《征臺軍凱旋紀念帖》
圖片來源:中央研究院臺灣史研究所檔案館典藏

圖 118　鹽水港黑旗軍死亡狀況
圖片來源:《征臺軍凱旋紀念帖》

---

108 陳怡宏編／導讀,《乙未之役外文史料編譯(二)》,頁 205。

根據《乙未之役外文史料編譯》所記載：

> 關於台灣土賊所持之武器，據最近自當地歸來之陸軍將校之談話，土賊兵器有前膛槍、後膛槍，亦有裝上木材加工粗削而成之槍座再以竹輪固定之物。彈藥亦有種種大小。又，發射手槍「一番形」（譯按：舊日軍手槍分類之一）之小彈，有木砲裝石而擊，據稱可射達百餘米。又占領大姑陷時，見敵委靡不振之兵器，砲有鐵製後膛砲已腐蝕，重量約需2人抬。其他則見有多數槍、矛、刀劍類，有單峰杏南矛、三角矛等；或安裝類似厚刃菜刀之物於棒端。刀劍類有無彎兩刃者、有略彎似長刀者，亦有似柴刀者。但刀刃皆已鈍且腐蝕。[109]

以上文獻描述北部鄉勇和日軍作戰時的武器為相當落後的火器及冷兵器，而在臺南的鄉勇也是同樣的情形，《乙未之役隨軍見聞錄》中記載：

> 西南方亦有3、4百名敵兵前來，手提木槍，揮舞青龍刀，一邊吶喊，彼等欲從四面八方包圍我小隊，我軍寡不敵眾，隨即向海岸方向撤退，以和校仔頭（杜子頭）本隊會合為目的，向該方向轉進。[110]

---

109 陳怡宏編／導讀，《乙未之役外文史料編譯（二）》，頁169。
110 謝國興、呂理政，《乙未之役隨軍見聞錄》，頁192。

這段文獻並沒有寫到鄉勇以火器射擊，而是帶著刀械衝鋒以眾擊寡，逼著日軍撤退。同一段文獻中也有記載：「敵兵再度行動，聚集在校仔頭北端小村之旌旗如林，約計4、50面，自該處而來之敵兵約千人，鳴金擊鼓，呼聲相應，正朝向校仔頭攻來，眼見寡不敵眾。」可見這些鄉勇是從幾路來圍攻，而且是敲鑼打鼓、集結呼應、群起圍攻。《攻台戰紀》描述如下：「十一日占領杜仔頭庄的大熊少佐所率領的二個中隊徹夜聽到鼓聲遠傳，但卻不知原因。」[111]以上描述的情景，日軍在嘉義以北的戰場並未經歷，在臺南卻出現好幾次，推想是鄉民藉由當地傳習已久的宋江陣來組織隊伍保衛家鄉。

儘管武器不足，缺乏正規軍的戰鬥編制及武器的供應，但是地方鄉勇卻展現出極大的對抗意志，到處徵集槍械武器，甚至改造農具，利用地形來對抗日軍，《攻台戰紀》記載：

> 下午三點四十分，約2百名賊徒從中庄附近渡過鐵橋溪胡亂發射火箭，大部分賊徒利用甘蔗園掩蔽，繞出鐵線橋西側。……大部分則盤據胡爺庄及其北方堤防，在胡爺庄東南端佈列著3門舊式砲，聲勢仍然極為囂張。[112]

這是描述鹽水至鐵線橋地方鄉勇對抗日軍的戰況，內文所述之火箭，即是鄉勇自製的武器，類似衝天砲，雖然殺傷力不大，但有嚇阻作用；而同時間在渡仔頭庄的鄉勇也用傳統的武器，利用地形和日軍糾纏，由於當地位處急水溪下游的網狀流域，到處都是潟湖、沼澤、

---

111 許佩賢譯，吳密察導讀，《攻台戰紀：日清戰史・台灣篇》，頁297。
112 許佩賢譯，吳密察導讀，《攻台戰紀：日清戰史・台灣篇》，頁309-310。

漁塭、鹽田、溝渠,還有蔓草、紅樹林,使地方鄉勇得以藏身,並且藉由鼓聲聯絡突擊日軍。而日軍受限地形無法開展隊形,遇到突擊只得以大砲轟擊,再以步兵進入清庄,激起鄉民更強烈的對抗意志。

日軍進入蕭壠時受限於地形的障礙,鄉勇一再地在竹林間隱蔽射擊,「霄壠一地之蔗田遙遙相連,茂竹叢生,其間有小徑,摸索前行,行路難辨,且有寬兩間(約3.6公尺)、深丈餘之壕溝環繞該村周圍,壕溝內外構築三重竹柵,易守而難攻。」[113]當日軍的前衛部隊進入蕭壠的村落,發現道路都為竹柵封閉不能前進,命令工兵破壞時,鄉勇在林間射擊,造成日軍的死傷。由於日軍希望取回陣亡者的屍體,遂從正面發動衝鋒,但鄉勇並未撤退,「**戰鬥益加激烈,我軍雖吶喊衝鋒,龍軍卻一步不退,群集亂射槍彈,且揮舞長槍劍銃,向我軍第七中隊突擊……**」[114],由於雙方激戰,鄉勇也試圖反擊,直到日軍增援前來才撤退。

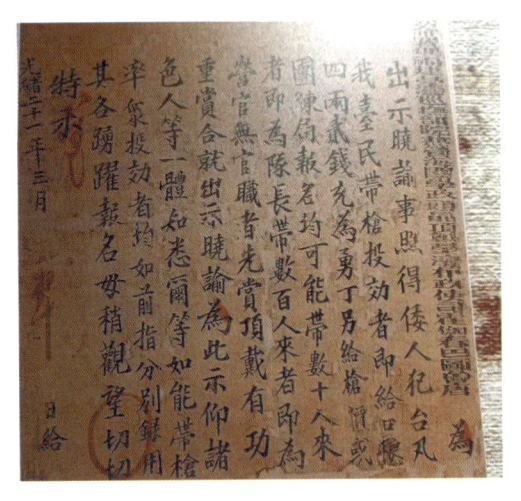

圖 119　特示
內文如附錄二、圖示說明(七)
圖片來源:原圖由洪明章收藏,周芷茹翻拍

---

113 謝國興、呂理政,《乙未之役隨軍見聞錄》,頁 197。
114 謝國興、呂理政,《乙未之役隨軍見聞錄》,頁 197。

2. 各地呈現的抵抗意志

乙未抗日運動中,日軍的文獻從南到北都記錄著各地鄉勇頑強抵抗的情形,以下列舉幾段日人的文獻,說明鄉勇即使被俘虜,仍不畏拷問,不願屈從於日軍的堅強意志。

步兵第十七聯隊掃蕩海山口(新莊)之地的鄉勇,生擒其中十一、二人,記錄他們被俘之後的狀況:

> 士兵之頑強(台灣近況)續
> 實際親見審訊此等捕擄,堅不吐實,若言將揮刀斬之,不發一言即刻伸出頸項。逼不得已,遂3日不予食物,置之不理,依舊安眠,其固執實令人訝異。上述賊徒中,女人亦與男子同,皆持步槍,或攜古劍抵抗。台灣賊子實不懼死也。追擊上述之賊4、5日後,近衛司令部朝西方進軍。……[115]

近衛師團7月23日中午進攻新竹縣城,鄉勇退守城外金山面附近及尖筆山、枕頭山各地,數量約有1萬5千名,數次攻擊日軍的補給線。由於傳聞鄉勇準備放火進攻縣城,以下文獻紀錄日軍審問俘虜鄉勇的情形:

> 臺灣之民兵
> 最近自台灣歸來之某陸軍將校談及台灣民兵,特將其談話之二三節揭錄於下。

---

[115] 陳怡宏編/導讀,《乙未之役外文史料編譯(二)》,頁157。

即刻伸出首級

有民兵為抗我方，做盡種種妨害工作，故將其逮捕、審問之。但僅瞪大眼睛，不發一語，故拔刀威嚇之，彼竟立即伸頭靠近，反逼求殺己。其決心之堅定，令人無法不讚嘆。雖僅為人夫，絕不食我兵士之殘飯等。其高潔之心志與日本內地人民無異。[116]

僅以衣兜襠布而戰

民兵頑強，其兵器彈藥貯藏之多，皆令人吃驚。而即使有負傷兵，亦絕不棄置其首級、槍械於戰場，撤退之際悉數帶走。任何戰爭皆如此。彼等輕便敏捷應戰之一例中，有某些民兵僅繫兜襠布一條，全身赤裸，手執槍械，約百發彈藥，一發發縫於兜襠布四周，巧妙出沒於山林之中，狙擊我兵。時而對戰，而彼於我方逼近直至20米仍一步不退，積極開火。雖不衝鋒突擊，但其敏捷而勇敢剽悍，著實可靠也。[117]

近衛師團在南下征途中，為掌握各地武裝反抗的情形，一路審問俘虜或向百姓打聽情報。在7月23日占領新竹縣城之後，詳細描述臺灣鄉勇拒絕屈服的情形：

臺灣匪徒之現況

據我軍隊在台之偵查，賊徒有黑旗軍、盛字軍、土民兵3

---

116 陳怡宏編／導讀，《乙未之役外文史料編譯（二）》，頁184。
117 陳怡宏編／導讀，《乙未之役外文史料編譯（二）》，頁185。

種。日前,來襲新竹之賊徒據說多為盛字軍。又屯集於台南附近之賊徒亦同為黑旗、盛字及土民兵,兵數約6萬有餘。多攜毛瑟槍(德製),據稱漸有前進之形勢。另,上述賊徒中土民兵之頑強令人驚訝。日前,攻擊掃蕩大姑陷賊徒時逮捕土民兵有一百十數名,押送至位於台北之總督府下進行種種鞫訊,而眾人倔強無一人肯吐實。其中6、7人堅稱縱死亦不食日本粟。絕食數日後,終至餓死。其他十數名破獄舍天井逃逸。其餘80餘名,每日於我軍隊中受鞫訊亦沈默不答。雖嘗試威嚇一番,但因語言不通,故拔刀作勢斬殺,然俘虜竟伸出頭,作狀反逼速速斬首。據聞我鞫官亦甚為煎熬疲憊。[118]

3.婦女參與抵抗的情形

參與戰鬥的臺灣鄉勇中亦不乏女性,在臺南戰場中有官田烏山的鎮護娘娘劉白與其兩名婢女抵抗赴義的事蹟,後來當地民眾建廟紀念,顯示這場鄉土保衛戰已是不分男女老幼群起投入的狀態。日軍進入桃園時就有清楚的記載這個情形,當時The North China Hearld的記者J.W.Davidson對於這些臺灣鄉民的戰鬥,有很深入的描寫和分析:

> 1名軍官與2名軍曹帶隊前進打聽抗日份子可能潛伏的地點,卻無人能提供消息,他們只好沿河向大科崁而行。前進4英里後,他們看到約有40名男女在採茶;這些人看不出來有任何敵意,馬隊便又繼續其行程。不久,出到一片阡陌縱橫的稻

---

[118] 陳怡宏編/導讀,《乙未之役外文史料編譯(二)》,頁193。

田。他們成一路縱隊行走期間,走到稻田中央時,約3百步之遠處,三聲槍響傳出,讓人為之吃驚。幸而無人受傷,指揮均下令即刻下馬作戰。……。抗日民軍突然從四面八方湧現,日軍瞬間被射倒數人。座騎也奔竄稻田之中。在此情形之下,根本無法作有效的抵擋,指揮官仍下令退卻,各自分頭儘力求生。部隊隨即散開,四散奔逃,……,沿途房舍、樹林以及叢林似乎都有敵人,就連婦女也加入戰鬥的行列了。[119]

關於婦女參戰的情境,大谷成夫《台灣征討記》中則如此記載:

我們從潛伏處暗中窺伺敵人的動靜。只見每20人或每30人成群,集在這處,集在那處,其中還有婦女執槍者,宛然如見美國十三州獨立時的情景……,當我們且戰且走,敵人卻出現於我們的前後,依然對我們狙擊。最令人驚訝的,就是婦女執槍在追趕我們。因此,可以說這個地方不管草木山川莫非敵人。[120]

臺灣婦女參與抗日的意義,顯示這場保鄉衛土戰到了整體群眾動員的狀態。究其原因,臺灣先民入臺墾植開發之始,天災人禍造就人民堅毅不拔的個性,女性也承擔家族宗社重要的角色。日人入臺引發一系列的對抗,使臺灣各地產生強烈的共同意識,所以女性參戰也是必然之結果。婦女參與戰鬥所激發的勇氣與精神,是以男性為主的

---

[119] 許佩賢譯,吳密察導讀,《攻台戰紀:日清戰史・台灣篇》,頁39。
[120] 許佩賢譯,吳密察導讀,《攻台戰紀:日清戰史・台灣篇》,頁38。

鄉勇持續戰鬥的重要支柱。石光眞清在《城下の人》寫到:「**自參與臺灣的戰鬥以來,屢屢見到死去女兵之大體。看到如此光景,則私揣這勢必會強化住民對日軍的憎恨,可預想的是今後這場戰役恐難善了。**」[121]當時在戰場上日軍看到臺灣女性參戰,給他們的感受是日後將會遭到更強烈的反抗。

日本歷史作家喜安幸夫在《臺灣》一書中更敘述到:「**在大料崁攻防戰中,連婦女都拿起武器協助對抗日軍。**」另根據《乙未之役外文史料編譯》記載,即便戰鬥中被日軍俘虜,亦拒絕合作,讓日人看到臺灣婦女堅強的意志:

> 屢屢聽聞台灣婦女加入民兵中攻擊我方。依兩日前歸來者言,數日前我軍活捉據聞台北府最為勇猛者,曾頻頻妨礙我軍,其係一民兵之老母、妻子、女兒及妾四人,嚴刑拷問。年老母親與幼小女兒最後不堪苦楚而吐實,然妻與妾則無論如何拷問皆堅不吐實。甚至毫不畏懼揚言:若欲吾命,即砍吾頭可也!最後不得已將一人斬首。[122]

文中描述這名有妻妾者的民兵推測也是地方頭人,家中老幼婦女全部投入抗日的行列,且不畏懼死亡威脅。

在《見證乙未之役》記載,日軍進攻嘉義看到婦女參戰及善後處理的情形:

---

121 林呈蓉,《見證乙未之役:一八九五年臺灣社會的實態》,頁45。
122 陳怡宏編/導讀,《乙未之役外文史料編譯(二)》,頁130。

走陸路的近衛師團在朝往台南的進擊過程中,曾背著1名約莫5歲的台籍女童行軍。該女童當時是被1名穿著得體的25歲前後、面貌姣好的少婦背在背上啜泣,而少婦則單手握著銃槍,頭部遭銃彈貫穿正面倒地,已經身亡;女童的臉龐近似少婦,而當時嘉義城西門望樓上掛有金文字「周」之大旗,以故,日方人員猜測女童應是城主周夫人的女兒,並把夫人手上的金戒指掛在女孩衣服腰間。[123]

查文獻資料,黑旗軍防守嘉義城時並無姓周的統領,從戰鬥現場的描述推測應屬領導鄉勇對抗的地方頭人,周姓究竟是何人有待詳查。

石光眞清《城下の人》則記錄了此段軼事:

「從堆積如山之陣亡死者大體中所尋獲的女童,在嘉義城的城牆上方休憩時,則讓她睡躺在自己身旁,但卻不由自主地惡夢連連直到天亮」,「師團稍做休憩之後,便朝往台南黑旗軍的根據地進發,我的所屬中隊負責嘉義城附近水堀頭(今嘉義縣水上鄉水頭村)的警備作業。而我身兼小隊長之責,無法抱著女童揮軍前進,因此由身旁的一等兵井手口寅吉協助,背著女娃一起行進,並宿營於水堀頭。(略)士兵們認為如果要給她取名,(略)最後眾人議決由小隊長命名,我深信女童之母應是周夫人,既姓周,則取名為『花蓮』以求得神佛加持」,「『周花蓮』!隊上

---

[123] 林呈蓉,《見證乙未之役:一八九五年臺灣社會的實態》,頁83。

大夥皆拍手贊成。（略）如此一來，意外地也帶給附近村民留下好印象，他們主動送來孩子所需的織品與食物，甚至有人把她帶回自己家裡協助整髮沐浴，這對於軍隊與村民之間的親善互動與意識疏通，發揮潤滑的效益」，「而該名女童最後則交由水堀頭的地主唐景順領養。」[124]

乙未抗日從北到南婦女的參戰文獻班班可考，臺灣婦女在家族宗社中一直是重要的支柱，但走出原有的生活框架，拿起武器參與戰鬥甚至身亡，而且在臺灣各地有如此之多的案例，這是在臺灣婦女史上少見的紀錄。臺南建有兩間紀念婦女參戰殉難的廟宇，即鹽水「七歲姑娘萬善爺公廟」及官田「烏山鎮護宮」，這是在整個乙未抗日歷史事件中特有的見證。

二、紀念與追悼

人類歷史中各民族對於因戰爭、天災、流行病或意外大量死去的同胞，有不同形式的追悼儀式，一方面追念往生者，或是祭奠亡魂；另一方面也安慰歷經生死離散的人群，能夠產生悲憫之心得到心靈的慰藉。追悼儀式不一，反應著人群社會同哀共樂的心理，例如團結、互助、記憶、共存的基本運作之核心價值。

乙未戰爭在臺灣的戰鬥造成雙方人員傷亡，包括軍隊和百姓，中日兩個民族在傳統中華儒道釋文化的價值觀下，皆辦理紀念與追悼的儀式。日方是由總督府辦理公開的慰靈祭；臺灣則是民間各地在戰爭

---

[124] 林呈蓉，《見證乙未之役：一八九五年臺灣社會的實態》，頁82-83。

地點掩埋遺骸時建紀念祠，形式及規模各有不同，但皆對犧牲者表示深切的追思與關懷，藉由祭祀引領神明追悼亡魂，也釐清逝去者在社會持續不斷的發展中所存在的價值與意義。

（一）總督府安魂祭儀

臺灣總督府在11月5日於臺南大北門外舉辦招魂祭，紀念征臺歷次戰役中陣亡的官士兵，透過官方的力量來悼念為國家犧牲的亡魂，強調國家強大的集體意識。根據《征臺始末》記載：

> 二日後，即十一月五日，於台南城外原野設祭壇，舉辦征台戰亡者之招魂祭。近衛兵來台者前後共1萬5千人，大小60餘戰，殲滅客家賊，追擊劉賊。懸軍長驅直入台南之際，將士不過3千餘人，其大半中彈身亡或死於疫癘；第二師團死者亦不在少數。如今敵將已亡，生者勞苦淒慘，昔日辛勞付諸一笑，惟衣錦還鄉之樂。較之生者，勞苦功高之戰亡者英魂空散，成萬里他鄉之幽魂，適歸何處？是日大祭典足以令其瞑目乎？[125]

由樺山總督、高島副總督、古莊臺南縣知事，各自朗讀祭文，藉以祭悼陣亡者英靈表達追思，同時也讚揚軍隊的團結和忠誠，鞏固國家的集體記憶。並邀請保甲總理張建功代表臺南人士趨前肅拜，朗讀祭文。

---

125 香風外史（市毛淺太郎）編著，楊承淑、黃雪琴譯，《征臺始末》，頁344。

副總督高島軍司令官朗讀祭文如下：

伏惟台灣歸於我土，賊徒永福等妄自背戾聖旨，潛據台灣島內部，聚匪類，趨善良。鞆之助承寄閫外，充南征之責，兩路夾擊，掃蕩淵藪，揚我軍威武。此良賴天皇陛下威德及忠勇將卒之勵精，抑多歸功於陣歿諸子。自興軍以來，朔北風雪歷練義膽，海南炎毒空埋忠骨。江水迢迢，幽顯冥冥。嗚呼哀哉！死者無以復生，感切至深，情至於極致無以名狀，唯望英魂千秋永安此土。
明治二十有八年十一月五日於台南城北設場，僅以清酌庶饈祭征台陣歿諸子在天之靈，英靈尚來饗之。
南進台司令官子爵 高島鞆之助敬白[126]

祭文中再三出現「**陛下威德**」、「**忠勇將卒**」、「**義膽**」、「**忠骨**」等字，皆為傳統儒家文化的價值觀，強調為國盡忠與忠義精神，和中華文化的倫理價值是一樣的思維體系。

祭文讀後近衛師團及第二師團的步兵、騎兵、砲兵、工具、輜重兵依序舉行扶槍之禮。在場受邀參與祭典的民眾不禁感嘆，「**日本兵精練如此，黑旗軍雖有數百萬，終究不能抗之。**」[127]大北門外原是清代陸師的操練場，在田野之中有相撲及戲劇作為餘興觀賞，又有放煙火、奏揚樂等，吸引很多城內的民眾來參與祭典。

---

126 香風外史（市毛淺太郎）編著，楊承淑、黃雪琴譯，《征臺始末》，頁347。
127 謝國興、呂理政，《乙未抗日隨軍見聞錄》，頁207。

圖 120　臺南府於天長節舉行祝勝大會之情景
1895年11月3日為日本明治天皇的生日，當時臺南府特別舉辦天長節慶典，會中總督樺山資紀還親撰「親王萬歲」軍歌，與士兵齊聲高唱。左圖中有升幡旗，軍人集合著裝祝禱，地點於大北門前。右圖為薙髮的臺灣民眾在觀看。
圖片來源：《征臺軍凱旋紀念帖》

總督府藉由招魂儀式，一方面宣揚日本的軍威，另一方面又有安撫民心的作用，整個活動在晚上6時結束。這是日人進臺南城連續辦理的兩場活動，第一場是11月3日天長節活動，第二場即是11月5日慰靈祭。

（二）鄉民在各地方建立的紀念祠

1895年5月28日至10月21日，在臺灣這塊土地上，從北到南發生60幾次規模大小不同的戰鬥，許多鄉勇犧牲了生命保衛家園。在戰鬥的現場，鄉勇曝屍郊外，由於日軍多次實施肅清行動，鄉民四散，日軍離去之後鄉民才敢回來處理遺骸；然而許多時候，日軍的保良政策造成家屬不敢去認領屍體，且有些屍體甚至無法辨識身分，因此當地人只好直接將之埋葬，沒有留下姓氏和名字，多數為集體埋葬。為了表示這些死難的鄉勇並非無主的孤魂野鬼，廟祠多以忠義公、忠勇公、將軍府為名，甚至化身為有求必應的有應公，而且後代按時日祭拜未曾中斷。

對於掩埋、處理陣亡的屍體及紀念儀式，在中華傳統文化下的

視野,是一個安定人心的舉措,在《躁動的亡魂》一書中指出如何看待屍體處置的觀點:

> 妥善處置屍體對於家族、皇朝、和地方社群都有著利害關係。實際上,無名屍的處理一直是國家、家族與地方的利益交疊之處,至少理論上如此。得不到安葬的死者會變成餓鬼,成為人類社群的潛在威脅。於是,埋葬屍體成為道德秩序的重要象徵⋯⋯[128]

因此,保鄉衛土的忠義精神不能因為戰爭的失敗而消散,後人為了深刻記憶和長久紀念而埋葬與建祠,啟示每個世代的人都能以無私的奉獻心保鄉衛土,而且將家園土地視為珍寶。為了保護家園及鄉民,無悔投入戰場而亡,這種英勇與忠誠的精神,應該成為地方永久的記憶。

1. 為何而戰?保鄉衛土的「忠義」精神

在急水溪的戰鬥範圍內有幾間具備指標性的廟,如鹽水舊營四十六忠義公廟、月津忠義烈士祠、新營姑爺儀民忠正公祠,學甲忠神公廟、檨榔山義勇祠等廟,這些廟宇都是以「忠義」、「忠正」、「忠神」、「義勇」為名,強調「忠」和「義」,那麼忠義精神從何而來呢?應與鹽水和漚汪(將軍區漚汪)兩地都有文衡聖帝廟有關。當地鄉勇受到儒家與關帝信仰的影響,鄉民在建紀念祠之時,為了表達這些為保衛家園犧牲的勇士忠義精神,因此以褒揚關聖帝君的文字為

---

[128] 梅爾清著,蕭琪、蔡松穎譯,《躁動的亡魂:太平天國戰爭的暴力、失序與死亡》,衛城/遠足文化事業股份有限公司,2020年,頁169。

廟名，以紀念這些殉難而死成仁取義的鄉勇，藉以維繫歷代儒家推崇道德和人格昇華的中心思想。

然而，由於臺灣在「馬關條約」乙未之役後成為日本殖民地，統治威權的壓迫使得臺灣人只能暗中紀念死者。在日人統治的期間透過隱諱的悼念儀式，保留著地方文化認同和集體記憶，並在環境壓迫中保持著自主性和尊嚴，因此地方才出現如此之多的紀念小祠。

日本人與臺灣人在乙未戰事過後，其紀念祭儀的形式上存在著鮮明對比。日本人的招魂祭是官方主導的紀念儀典，強調陣亡者對國家實踐開疆拓土的功勞，肯定其功勳；而臺灣人的秘密悼念則體現了他們面對殖民統治時，守護宗社家園抵抗外侮不願屈服的精神。這種不同的紀念儀式凸顯殖民者與被殖民者政治權力的差異，在異質文化認同與祭祀方式的對比上，也顯示乙未戰役中臺灣鄉民不屈從異族統治的堅韌抵抗意志。

2. 乙未抗日：臺灣複雜的歷史經驗

乙未抗日源於清朝割讓，臺灣意味著臺灣人將脫離中國清廷，成為日本國的一部分，將要被迫接受日本統治下的各種制度，未來的生活方式及財產保障充滿著不確定性。日人統治將牽動臺灣人民經濟、文化和身分認同，乙未割臺所帶來的政治變化，對臺灣人來說是前所未有的挑戰。當時臺灣官紳倡議保臺，自組民主國將使日本人動用武力征伐，會把整個臺灣帶進戰爭的狀態，至少在西半部將被戰火波及，臺灣人民處在歷史的變革中，許多行動與思維都呈現複雜的面向。

在乙未抗日之前，清朝統治臺灣已2百多年，雖然前期三年一反五年一亂，致使社會處在動盪的狀態，但是移墾開發的步驟由南而北、由西向東，在同治、光緒年之後，社會逐漸趨於穩定，至臺灣建

省行政區域劃分為三府十一縣三廳,臺灣已是清朝政治體制下的一省,人民生活方式與內地各省無異。乙未割臺後,臺灣紳民面對被清朝拋棄的現實,他們將被迫接受日本的統治。對於許多臺灣人來說,這種轉變是他們極為不願意接受的。臺灣官紳倡議保臺,在宣言中出現「**遵奉正朔,遙作屏藩**」,可見民主國並未有和清朝分離的意思;但在唐景崧棄城出走,日軍南下各地鄉民激烈抵抗之後,臺民對於清朝割讓臺灣如同棄子而生出悲憤之心,以及不願屈從日人征伐而產生自我的認同:意識到自己是臺灣人,這前所未有的歷史經驗與心理轉變對於臺灣意識及身分認同將產生深遠的影響。

根據《乙未之役隨軍見聞錄》的記載,當日軍進入彰化城後,發現城壁上貼有一篇檄文,這份檄文雖不具名,但推測可能出自當地仕紳之手。檄文內容寫到,臺民不同於賊臣李鴻章、孫毓汶、徐用儀,他們決心為了國家除去賊臣而捨生忘死。檄文內容如下:[129]

> 痛哉!吾臺民從此不得為大清國之民也!吾大清國皇帝何嘗棄吾臺民哉?有賊臣焉,大學士李鴻章也,刑部尚書孫毓汶也,吏部侍郎徐用儀也,臺民與汝李鴻章、孫毓汶、徐用儀有何讎乎?大清國列祖列宗與汝有何讎乎?大皇后上與汝有何讎乎?汝既將發祥之地、陵寢迫近之區割媚倭奴,祖宗有知其謂我大太后、皇上何?尚且不足以快汝意,又將關係七省門戶臺灣、海外二百餘年戴天不二之臺灣、列祖列宗深仁厚澤不使所之臺灣,全輸之倭奴!我臺民非不能毀家紓難也,我臺民非不能親上良死也,我臺民非如李鴻章、孫毓

---

[129] 呂理政、謝國興主編,《乙未之役隨軍見聞錄》,頁 153-154。

汶、徐用儀無廉恥賣國、固位得罪於天地祖宗也。我臺民父母妻子、田廬墳墓、生理家產、身家性命，非喪於倭奴之手，實喪於賊臣李鴻章，孫毓汶，徐用儀之手也。我臺民窮無所之，憤無所洩，不能呼號於列祖列宗之靈也，又不能哭訴於大后皇上之前也，均之死也，為國家除賊臣而死，尚得為大清國之雄鬼也矣。我臺民與李鴻章，孫毓汶，徐用儀不俱戴天，無論其本身，其子孫、其伯叔兄弟侄，遇之船車街道中，客棧衙署之內，我臺民族出一丁，各懷手槍一桿、快刀一柄，登時悉數殲除，以謝天地祖宗、太后皇上，以償臺民父母妻、田廬墳墓、生理家產性命。無冤無讎受李鴻章、孫毓汶、徐用儀之毒害，以為天下萬世無廉無恥、賣國固位、得罪天地祖宗之炯戒。除京都及各省碼頭自行刊刻苦白外，凡有血氣者恐未周知，貴報館食毛踐土有年，主持公論有年，向為我臺民所欽佩，茲奉上申報、滬報新聞報刊資各四元，請為連日用大字刊登報首。亂臣賊子，人人得而誅之。聖訓昭然，貴報館如一一照登，我臺民有一線生機，必圖啣報，如將賊臣名字隱諱，我臺民快刀手槍具在，必將所以待李鴻章，孫毓汶，徐用儀者，轉而相待。生死呼吸無怪鹵莽，貴報館諒之。

大清光緒二十一年四月臺灣省誓死不二與賊臣俱生之臣民公啟

　　檄文言辭中流露出的憤怒和無奈，可見當時臺灣人民所處的困境。他們感到被遺棄，這種「棄民」的情緒充斥心頭，但同時也有「憤無所洩」的焦急。這種憤怒又無奈的處境成為了各地鄉民爆發乙未抗日戰役的重要因素。

乙未抗日對於臺灣人來說，不僅是一段充滿困難、傷痛的歷史過程，也標誌著一個關鍵的轉折點。這複雜的歷史經驗轉變了臺灣社會的發展軌跡，同時也成為塑造現今臺灣人自我認同的一個關鍵因素。值得注意的是，這段歷史對於臺灣人民的價值觀產生了深遠的影響；這種保鄉衛土的精神，在日人實施殖民政策時不平等的對待而逐漸發酵，臺灣人在各種形式的對抗行動中形成臺灣意識，在1921年成立臺灣文化協會追求民權平等及文明向上而逐漸達到頂點，延續到二次大戰後，「民主」、「自由」成為臺灣重要的價值觀，也奠定後來臺灣實施民主政治的重要基礎。

臺灣總督府日本集

捌

參考資料

捌、參考資料

一、文獻、專書

《東北新聞》,〈降虜の處分後報〉,1895年10月29日。

《東北新聞》,伊藤彪,〈臺南府雜信(11月24日發)〉,1895年12月4日。

從軍寫真師 遠藤誠編,《征臺軍凱旋紀念帖》,東京 裳華房發行,1896年5月14日。

蔡爾康、林樂和等編,《中東戰紀本末》初篇,卷四,上海廣學會,1896年。

矢內原忠雄,《帝國主義下の臺灣》,東京岩波書店,1929年。

外務省編,《日本外交文書》第二八卷,第二冊,1937年以降,東京日本國際協會。

臺灣教育會編,《北白川宮能久親王御事蹟》,臺灣教育會,1937年。

《臺南文化》第二卷第三期,臺南市文獻委員會,1952年。

林熊祥主修,《臺灣省通志稿》卷一,土地志地理篇,第二冊,臺灣省文獻委員會編,1953年。

新田隆信〈臺灣民主國の成立とその的地位〉,《富山大學紀要經濟學部論集》第一〇號,1956年發行抽印。

丘琮〔念臺〕〈倉海先生丘公逢甲年譜〉,邱逢甲,《嶺雲海日樓詩鈔》,全三冊,第三冊收錄,臺灣銀行,1960年。

林勇,《臺灣城懷古集》,興文齋書局,1960年。

余文儀,《續修臺灣府志》,臺灣文獻叢刊第121種,臺灣銀行經濟研究室,1962年。

連橫,《臺灣通史》,臺灣文獻叢刊第128種,臺灣銀行經濟研究室,1962年。

文海出版社編,《中外條約彙編》,文海出版社,1964年。

《臺南文化》第八卷第三期,臺南市政府,1968年。

洪調水,《冰如隨筆集》,大明印刷局印刷,1980年。

吳新榮、盧嘉興纂修,《臺南縣志》,臺南縣政府,1980年。

楊雲萍,《臺灣史上的人物》,成文出版社有限公司,1981年。

喜安幸夫，《台灣抗日秘史》，武陵出版社，1984年。

林勇，《臺灣城懷古集續集》，臺南市政府，1990年。

黃秀政，《臺灣割讓及乙未抗日運動》，臺灣商務印書館股份有限公司，1992年。

鄭天凱，《攻台圖錄：臺灣史上最大一場戰爭》歷史照相館2，遠流出版事業股份有限公司，1995年。

許佩賢譯，吳密察導讀，《攻台戰紀：日清戰史‧台灣篇》台灣譯叢1，遠流出版事業股份有限公司，1995年。

許佩賢譯，吳密察導讀，《攻台見聞：風俗畫報‧台灣征討圖繪》台灣譯叢2，遠流出版事業股份有限公司，1995年。

臺灣銀行經濟研究室編，《臺戰演義》臺灣歷史文獻叢刊，臺灣省文獻委員會，1997年。

曾旺萊，《蕭壠走番仔反：台灣抗日秘辛》南瀛文化叢書75，臺南縣立文化中心，1998年。

陳巨擘主撰，《佳里鎮誌》，佳里鎮誌編纂委員會，1998年。

涂順從，《南瀛抗日誌》南瀛民俗風情叢書6，臺南縣文化局，2000年。

陳漢光，《台灣抗日史》海峽學術出版社，2000年。

黃文雄，《締造台灣的日本人》一橋歷史16，一橋出版社，2001年

詹評仁總編審，《臺南縣麻豆鎮耆老口述歷史紀錄》，臺南縣麻豆鎮公所，2002年。

許獻平，《七股鄉 有應公廟採訪錄》南瀛厲祠誌1，鹽鄉文史工作室，2004年。

黃昭堂著、廖為智譯，《"台灣民主國"研究～台灣獨立運動史的一斷章》台灣文史叢書，前衛出版社，2005年。

許獻平，《佳里鎮 有應公廟採訪錄》南瀛厲祠誌，臺南縣政府，2006年。

許獻平，《學甲鎮 有應公廟採訪錄》南瀛厲祠誌，臺南縣政府，2006年。

陳美惠，〈辨正「乙未鹽水抗日運動」史實的真相以「月津忠義烈士祠沿革碑文」為例〉，《高苑學報》第十九卷第二期，高苑科技大學，2013年。

闞正宗編譯，《甲午戰爭‧台灣篇〈五〉—《日清戰爭實記》編譯附劉永福抗日《草莽奇人傳》》甲午戰爭120周年紀念專輯，博揚文化事業有限公司，2014年。

闞正宗編譯，《甲午戰爭‧台灣篇〈六〉—《日清戰爭實記》編譯附劉永福抗日《草莽奇人傳》甲午戰爭120周年紀念專輯，博揚文化事業有限公司，2014年。

闞正宗編譯，《甲午戰爭‧台灣篇〈七〉—《日清戰爭實記》編譯附劉永福抗日《草莽奇人傳》甲午戰爭120周年紀念專輯，博揚文化事業有限公司，2014年。

吳密察編，《乙未之役打狗史料：中文編》，高雄市政府文化局，2015年。

許祐愷、羅珮芳總編纂，《1895乙未戰爭撥雲見日》，國立臺南第二高級中學校友會，2015年。

謝國興、呂理政，《乙未之役隨軍見聞錄》臺灣史料叢刊18，中央研究院臺灣史研究所，2015年。

陳怡宏編／導讀，《乙未之役中文史料：乙未之役資料彙編（一）》臺灣史料集成，國立臺灣歷史博物館，2016年。

謝東漢、吳餘德，《徘徊在兩個祖國（上冊）》，代售：德富文具圖書，2016年。

楊貴三等撰稿、連慧珠計畫主持，《北門區志》，臺南市北門區公所，2017年。

香風外史（市毛淺太郎）編著，楊承淑、黃雪琴譯，《征臺始末》，財團法人世聯倉運文教基金會，2018年。

劉鳳翰，《日軍在臺灣（上）：一八九五年至一九四五年的軍事措施與主要活動》臺灣史研究論叢（3），南天書局，2018年。

陳怡宏編／導讀，《乙未之役外文史料編譯（一）》乙未之役資料彙編（二），國立臺灣歷史博物館，2018年。

陳怡宏編／導讀，《乙未之役外文史料編譯（二）》乙未之役資料彙編（三），國立臺灣歷史博物館，2019年。

陳怡宏編／導讀，《乙未之役外文史料編譯（三）》乙未之役資料彙編（四），國立臺灣歷史博物館，2019年。

林呈蓉，《見證乙未之役：一八九五年臺灣社會的實態》掌中書007，五南圖書出版股份有限公司，2021年。

李文良、陳瑢真、戴心儀，《籠城之戰：1895年南臺灣六堆客家火燒庄戰役》，國史館臺灣文獻館／客家委員會，2021年。

梅爾清著，蕭琪、蔡松穎譯，《躁動的亡魂：太平天國戰爭的暴力、失序與死亡》，衛城出版／遠足文化事業股份有限公司，2020年。

思痛子撰寫，《臺海思慟錄》，臺灣省文獻委員會，1997年。

吳德功撰寫，《吳德功先生全集》，臺灣省文獻委員會編印，1992年。

二、網路資料

〈鹽水七歲姑娘廟〉，2014年6月25日，取自：https://blog.xuite.net/s1315124/blog/223721598

仁光國小學校本位課程 舊營探索，萬應公，取自：

https://sites.google.com/a/rges.tn.edu.tw/jiu-ying-ex/home/zong-jiao-xin-yang/5wan-ying-gong

仁光國小學校本位課程 舊營探索，四十六忠義公，取自：

https://sites.google.com/a/rges.tn.edu.tw/jiu-ying-ex/home/zong-jiao-xin-yang/4si-shi-liu-zhong-yi-gong

地理資訊科學研究專題中心，文化資源地理資訊系統，廣安宮，填表人周宗楊，2011年5月24日。取自：http://crgis.rchss.sinica.edu.tw/temples/TainanCity/jiali/1112004-GAG

〈佳里廣安宮-沿革簡介〉，2010年10月6日，取自：

https://blog.xuite.net/mj213313/twblog/147771908

王萬此，〈灣裡溪畔畫溪美－溪美文化〉，2011年10月23日，取自：

http://prettyriverandtown.blogspot.com/2011/10/blog-post_644.html

地理資訊科學研究專題中心，文化資源地理資訊系統，看坪境安宮，填表人吳明勳，2011年10月10日。取自：http://crgis.rchss.sinica.edu.tw/temples/TainanCity/chigu/1115014-JAG

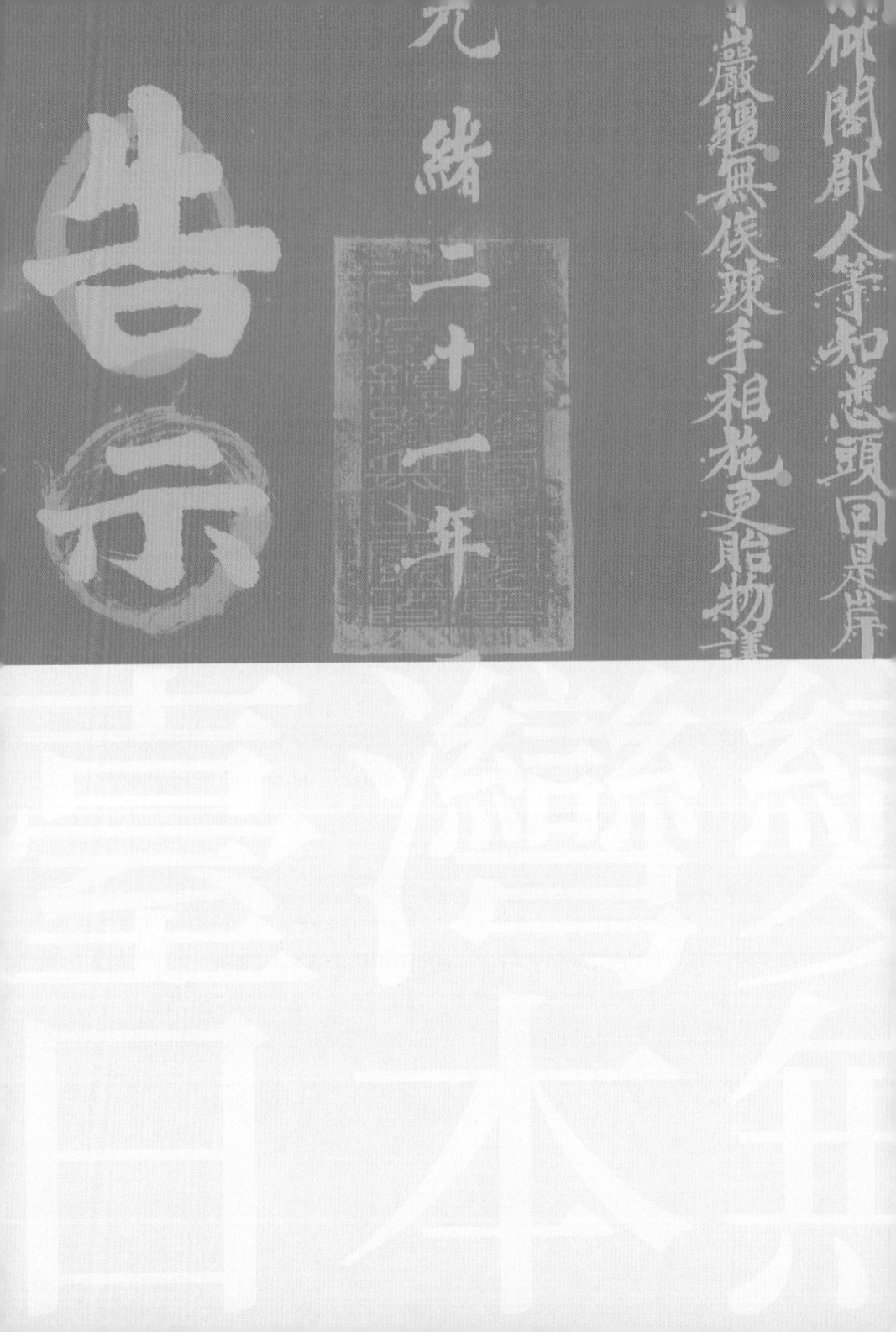

告示

光緒二十一年

臺灣總督府

玖

附錄

玖、附錄

一、碑記或宮廟沿革資料

（一）月津忠義烈士祠沿革

　　鹽水鎮古稱月津港，忠義烈士祠位今台南縣鹽水鎮三生里奉祀英勇抗日犧牲十八位忠義烈士及一義犬之靈位，緣光緒廿年（明治廿七年，公元一八九四年）中日甲午戰爭，滿清政府戰敗，派大臣李鴻章議和，訂立喪權辱國之「馬關條約」將台灣割讓日本，光緒廿一年八月廿三日，由日本北白川宮能久親王率軍登陸布袋，經義竹直攻鹽水港時清廷於鹽水港置巡檢署，是日清晨，日軍攻入鹽水東門城，即今朝琴路牛墟所在，有十八位忠義烈士，英勇抗戰，慘遭殺害，壯烈成仁，屍橫於大宅內，之菜園中，而後經常有顯化靈跡出現，住民感其忠勇愛國，即在大宅內菜園邊建一小祠祭拜呼稱「菜園仔公」，一時香火旺盛，不料二次世界大戰時，日政府極力推行皇民化政策，消滅台胞之愛國思想大舉實施除神滅道，並認菜園仔公係抗日英雄，能影響住民發揚抗日精神，有礙推行皇民化運動，遂遭拆毀，及至民國卅四年台灣光復，地方民眾乃倡議重新祠恢復舊觀，改名謂「忠義公」而以遇難之農曆八月廿三日作為祭祀日期，均由鹽水鎮長親臨主祭，盛況隆重，奈經多年來，遭受風雨水患破損不堪，既

有碍觀瞻，又有辱神威，復經眾議，於歲次丁卯年九九重陽日動工改建，民國七十七年歲次戊辰正月初九日完工入火，但因成仁之時距今已近百年，且歷經戰火，諸多資料散失，成仁諸公姓名大多已不可考，實乃一大憾事，今新祠完工之際特立本誌，以昭示「忠義公」之由來，並盼其後裔及知「忠義公」姓名者，不吝提供資料，以慰忠義公在天之靈，而誌香馨百世，永為留念。

中華民國七十七年二月　立

◎碑文勘誤：有碍觀瞻。應為「有礙觀瞻」。其中寫「北白川宮能久親王率軍登陸布袋」實為伏見宮貞愛親王。

（二）槺榔山義勇祠（3塊碑文）
碑文：開建槺榔山義勇祠碑記

本祠座落土地係北門鄉溪底寮庄陳氏祖先，達公所留，後呂宗廟入贅陳家，傳子呂正龍經具排除萬難，終得重理先產承續祖業。

回顧早年，本地四面環海窮鄉僻壤，歷亂無章滿目瘡痍，加以長年疏於管理終至被占為墓地，民國七十五年呂君偕友吳晉忠至此堪覽，查現本處有出生於將軍鄉番仔厝人氏黃其田，由其帶領三十八名兄弟抗日義士，在此慘遭屠殺壯烈犧牲，身首異處魂魄無所依歸，迭經呂君赴地查證確屬真人實事。複由吳居士探究本地，靈感地脈氣勢非凡，三水會合不可小覷，若非蹊蹺當有活泉，隨即僱工擇點開挖（即現今之龍泉池），一時泉湧不絕，奇哉！塩海環伺其中泉水質淡甘美，感嘆宇宙之奧妙真乃神奇。

民國七十九年因緣成熟，於是由吳居士斥資建本祠並擇期於

同年農曆八月六日巳時開挖撿骨,同時將周邊無主孤墳分別撿裝入甕,出土之物多有明朝,清朝銅錢玉飾,前後陸續合計有一百四十六位,並由呂正龍發心無償獻地供建祠之用,於九月二十三日擇吉興工,在其全力協助下,日以繼夜於十一月告竣。民國八十年元月一日進金落成,並勒碑「三十八公英靈暨無主孤塚位」安座奉祀。而諸等義士亦自此得有立錐之處,福享香煙。四年來三十八公諸靈承受十方善信恭拜,顯靈事蹟感應不斷,且每週定當發爐從無間斷更為善信所稱異。

八十三年元月一日在眾多善信建議之下,為促使祠務宏展群策群力,乃於祠前擲筊成立第一屆管理委員會,運籌帷幄募集擴祠基金,並先行完成神龕,祠庭填土整地工程,金爐、浴廁……等設施。再經禱求上蒼蒙赤山觀音佛祖。天皇太子諸真神聖,恩准雕塑金身五尊,中尊者為黃府元帥,兩脇為張府、朱府、楊府、郭府四將軍。於同年十二月二十四日開光安座,從此發揚忠肝義膽之精神,享受千秋香火庇佑萬萬民。

特此為誌

義勇祠創辦人兼名譽總顧問吳晉忠謹記 管理人呂正龍

學甲黃榮洲敬書

中華民國八十四年元月一日

碑文:義勇祠沿革

數十年前本地四面環海,近十年來斬棘拓為海水漁塭,于今本祠土地為溪底寮庄呂氏祖先所留,因疏於管理,漸被占為墓地。民國七十五年呂氏與友吳居士到此寮察看,野草萋萋,

至為荒涼，經吳居士細察，當有龍泉，即僱工開挖，果然清澈泉水直湧而出，複察本處有出生於將軍鄉番仔厝庄，由黃其田所領三十八名兄弟為抗日，遭集體屠殺，狀至可憐，事經呂氏實地查証屬實，遂於七十九年因緣成熟，由吳居士出資，擇期於同年農曆八月六日巳時開挖撿骨，並同時將週邊魚主孤魂撿裝為一〇四人，全部共為一四三人，並委任王繁雄先生設計、吳土水師承建，于民國七十九年九月廿三日鳩工興建，同年十一月完工，進金、落成大典，特以為誌。

　　吳居士 敬撰

◎碑文勘誤：魚主孤魂。應為「無主孤魂」。

碑文：序

　　義勇祠草創於民國七十九年，因時志於三十八位英靈之安置，復因祠周邊亦同時安置無主古前人，本祠因福地結氣，地靈薈萃，日月輝映，英靈顯赫，神跡不斷，為使祠內規模條理，乃於八十八年農曆二月十九日鳩資增建後方三樓與前面主祠整修奠安，上以妥英靈靈爽居安，下以田信眾嘉祥之發，同年九月三日涓吉奠安慶成，實為本祠之一大盛事，但憑繼往開來，源遠流長，祠宇生輝。

　　特為之序以誌吳晉忠 記述

　　中華民國八十八年十月十一日

◎碑文勘誤：空格為碑文異體字「田」，字典中並無此字，請對照碑文。依文意推測應為「由」字。

（三）萬善堂重建碑誌

　　萬善堂奉祀萬善爺，座落於西埔內庄北，九孔額大水門西側，

據傳日本在「馬關條約」清朝割讓台灣後，派兵於布袋登陸，南下台南府城，路經北門一帶遭受民兵抵抗，萬善堂一帶曾有一場拚戰，而有所傷亡；加上爾後時有發現墳塚無人照顧，故地方耆老乃倡議興建小廟奉祀，此乃萬善堂之由來，其具體年代未能確知。惟本庄信徒及附近漁民至為虔敬，於每年除夕日均備辦敬品祭拜，從未間斷。

西埔內庄自古奉祀吳府三王，直到十幾年前才啟建廟宇—西興宮。成立管理委員會，一併辦理萬善堂祭祀事宜，主其事者正思籌備改建萬善堂之時，卻發生廟后數十公尺高之南洋杉木遭強風折斷而砸毀廟頂，遂加緊腳步，經請示西興宮吳府三王，決定拆除重建。

歲次己亥年十二月初三日退火，及行動工，總工程費新台幣貳佰壹拾肆萬元，由學甲坤得工程行李誠得大德得標承作，歷經參佰餘工作天，如期順利竣工。其間，西埔內庄及十方信眾熱心奉獻，殊為難能可貴。

萬善堂於辛丑年二月初二日入火安座圓滿落成，並經吳府三王聖擇，以此為每年祭典之日。萬善爺神靈威赫，庇佑眾生，感念之餘，乃置建碑誌，以垂不朽。

歲次辛丑年西元二〇二一年 貳月 吉旦

（四）忠神公廟（說明牌及 2 塊碑文）

說明牌文：竹篙山的忠神公廟

「忠神公廟」建於民國七十八年，奉祀抗日英雄林崑岡先生。林先生將軍鄉漚汪西甲人，清光緒二十一年率領鄉民對抗日軍，兵敗在竹篙山舉刀自刎，居民以「竹篙山之神」建廟紀念。台灣省文獻委員會亦核定林崑岡先生為十大抗日烈

士之一。

中洲社區景點

碑文：忠神殿沿革

林崑岡烈士成仁後，由於忠貞愛國之精神所繫，英靈顯赫，竹篙山附近之村民均有感聞，鄉賢李石定先生乃於民國四十年初，捐地一處，並由村民鳩資，搭蓋簡陋小祠，供信徒膜拜。爾後同人亦漸漸形密集，林公英益加靈驗，魚火鼎盛，直至民國六十八年，郭文墩先生玉感於休烈士英靈庇佑，於是求林烈士英靈同意，並請南鯤鯓代天府諸千歲俯允，賜名「忠臣公」，並籌組重建委員會，由郭文墩擔任主任委員，積極募資籌建，廟宇落成後，香火鼎盛，神威遠播，各方信徒遍及遐邇，翌年眾弟子復請令於學甲慈濟宮保生大帝，南鯤鯓代天府諸千歲爺，赤山巖佛祖等，經眾神賜准，奉雕金尊一座，供信徒膜拜或迎請，至民國七十七年，由於信徒愈眾，而廟地窄小，信徒有重修擴建之念，終迎請南鯤鯓代天府李府千歲蒞臨降壇，賜准重建，並指示廟宇經緯、高低及內殿神龕尺寸，且賜為「忠神殿」，並擇吉日良時動土，開工興建，眾信徒聞訊，欣喜萬分，熱烈響應，於是籌組籌建委員會，推選李炳先生為主任委員，並由地主林天良先生增贈建廟用地一處，於民國七十八年初動工興建，「並於七十八年臘月竣工」。

僅此世風日下，忠孝節義日益沉淪之際，林烈士之忠貞愛國志節，殺身成仁之凜然正氣，誠足感天地而化世風，千秋英靈，護國祐民，冀祈天清海晏，國泰民安，藉由忠臣公捨生為國之天志。

碑文：抗日烈士林崑岡碑誌

據文獻史蹟記載，林崑岡字碧玉，是位清朝武秀才，清光緒年間，發生甲午戰爭，馬關條約，將台灣割讓日本，於光緒二十一年八月，日軍派遣靖衛師團，攻陷台南府城，乘勝侵襲鳳山，另派一軍，自今之北門鄉渡子頭，猛攻今之學甲鎮竹篙山，我方同胞組成義軍，駐急水溪南，以溪為界，與之相持多日，敵方不能渡溪衝破防線，而呈膠著狀態，至同月二十六日晚上，常在台南一帶販賣眼藥日本間諜，山口健治，偷將一幅早已寫好之大日本帝國順良民白布長幡，懸掛於漚汪廟文衡殿建醮日使用之青竹竿上，以藉此表示漚汪人已經歸降，而動搖前線義軍鬥志，以瓦解義軍陣線，翌日早晨，林崑岡路過發現此幅，有辱鄉梓榮譽標語，極為震怒，立即折斷竹竿，並將白布長幡撕碎，嚴囑廟祝留意，以防再有此事發生，斯時遠處槍聲響之不停，林崑岡以國家興亡，匹夫有責，束手受制，莫若與其拼命，此位愛國志士，當天中午，束邀民眾抵抗日軍，約定九月一日出師，是日黎明，遠近攜械備糧響應抗日壯丁三千多人，林崑岡在廟廣場率眾擊鼓進軍到宅子港，與敵軍相遇，敵見情勢不妙，避走竹篙山，當時林崑岡不知有伏兵，推軍急進，誤入險地，日軍一見時機已到伏兵盡出，我方四面受敵，義民死傷者無數，是時林崑岡手握利刃，在竹篙山頭，跪告天地曰：台灣不幸慘遭倭寇侵略，今日之戰，若是日本大限已終，必然一敗塗地，否則我林崑岡，願中頭門銃，以免同胞多受殺戮之禍言畢，果中頭門銃，林崑岡雖身受重傷，又知我方情勢頗險仍然屹立山頭指揮，毫不退縮，意欲挽回危局，直至時非我與，將入敵軍之手，舉刀自殺而死，享年四十一歲，以林崑

岡雖出師未捷而殉難，其民族正氣，却永垂千古，後人稱之為竹篙山之神，立祠以拜之，因其神靈顯赫，有求必應，香火鼎盛，因恐後人不明真象，爰為勒碑以記之不忘乃爾。

郭文墩暨眾信徒 敬撰

吊 林崑岡烈士抗日身殉有感

出師抗日頌崑岡 未捷身殉亦感傷

愛國忠肝重作範 留名青史古今揚

郭文墩暨眾信徒 敬題

歲次壬戌年三月立

◎碑文勘誤說明：

1. 碑文中「今日之戰，若是日本大限已終，必然一敗塗地，否則我林崑岡，願中頭門銃，以免同胞多受殺戮之禍」推其意應該是指稱抗日已盡全力，日本占臺灣已是天意如此，不宜再造殺戮。

2. 碑文中「率眾擊鼓進軍」可見反抗軍大都以宋江陣的隊形出征，以鼓聲為號。碑文中有勘誤之處為「光緒二十一年八月，日軍派遣靖衛師團，攻陷台南府城，乘勝侵襲鳳山」此時尚未攻陷府城，且誤植近衛師團的名稱，且日軍也非先攻府城再攻鳳山。

3. 有關林崑岡年歲說法各個文獻記錄不一，如詳參《臺南縣志・人物志》〈林崑岡傳〉記載為 64 歲。

4. 「二十六日晚上……翌日早晨，林崑岡路過發現此幅……」26 日已是 10 月 14 日，林崑岡已組織義軍前往北門、學甲與日軍激戰，時日不對。

（五）抗日志士四王公遇難八十週年紀念

緣光緒廿一年中日戰爭訂立馬關條約，將台灣澎湖割讓日本統治，日本大軍進駐台灣後到處虜掠濫殺無章，時六甲地區

擁有一群熱血愛國青年五百餘人，不受外人欺凌與侮辱而群起反抗，以烏山嶺上最高峯做基地誓死抵抗，終因眾寡懸殊糧盡彈絕而解散，其中四位最堅強勇的青年被日軍逮獲，於當年農曆六月十八日在六甲北側榕樹王處被害。六甲地方為紀念與崇敬這四位愛國抗日志士，每年此日演戲祭拜時地進行了五十年，光復後地方人士以其年齡大小銜稱為四王公。即大王—蔡滾（六甲鄉王爺村人）、二王—蔡城（六甲鄉王爺村人）（王爺村十三號有後嗣）、三王—葉波安（下營鄉紅毛厝人）、四王—王武（柳營鄉太康村人）等四位塑像建設小廟與觀世音菩薩（中）同座供祭緣誌。

中央日報記者 梁裕初謹誌

中華民國六十三甲寅六月十八日

◎碑文勘誤說明：碑文中所記載農曆六月十八日是投日志士犧牲的日子，因此每年在此日演戲祭拜進行了五十年。據查一八九五年農曆六月十八日，為陽曆八月八日，日軍尚未進軍到臺南地區，此地並未發生戰事，因此例祭日應為民間請示神明而訂，並非殉難日。

（六）官田萬聖公沿革誌

中日甲午戰爭後滿清政府將台灣澎湖割讓給日本，由於愛國志士不滿日政府統治紛紛起義各方志士集結於現廟址為基地，與日軍抵抗，因寡不敵眾，所有志士均壯烈成仁於此，後得地靈時有顯聖，庄民為感念其英勇事蹟在此塔建茅屋取名「應公廟」供人膜拜，事後被日軍發現強制拆除，到了光復後，由林福生等人興建一座「士葛厝」日後再由黃清述林逅、許東明等人改為磚造，斯時香火鼎盛善男信

女爭相信奉之。

又於民國七十二年，廖又、黃清述、陳必松、陳才旺、楊森德等人將「應公廟」名稱改為「萬聖公」並彫刻金身供人膜拜，擇定於每年農曆二月二十六日為萬聖公千秋日，因該廟狹小老舊，故於民國七十六年成立管理委員會，選定委員將該廟修繕重建造路，連接到北段由地主陳蔡春、陳□雄約八厘陳當正、陳當書、陳印等善心捐地使「萬聖公」廟始得以順利完成。

主任委員	副主任委員				
吳輝映	黃清述				
常務委員	常務委員	常務委員	常務委員	常務委員	常務委員
陳必松	施天一	陳才旺	林萬財	陳清標	黃天文
常務委員	常務委員	常務委員	常務委員	常務委員	常務委員
陳詳謀	林茂春	陳車	陳三全	陳明丁	陳登山
常務委員	常務委員	常務委員	常務委員	常務委員	常務委員
黃江龍	簡福川	黃登榜	林石兜	陳當書	吳其旺
常務委員兼會計	常務委員兼出納				
陳廣雄	張晉魁				

歲次戊辰年孟夏　吉旦
◎碑文勘誤說明：因字跡不明，以□代替。

(七) 廣安宮重建碑記

廣安宮奠基於清光緒卅二年歲次丙午（公元一九〇六年）初極簡陋，由本邑王公典等信眾捐資改建，民國十二年歲次癸亥（公元一九二三年）本邑遍有大亡魂不能超度，鬧得民不

安適，嗣為地方安寧敦促本邑仕紳藉南鯤鯓五府千歲南巡之機，駐駕金唐殿以神威顯赫將本邑有應公祠拆除，以神通廣大命促純陰黑暗亡魂鳩工草創供奉樹王公另奉祀將軍爺，統管亡魂，初日樹王廟，自此地方平靜安樂，民國卅九年歲次庚寅（公元一九五〇年）因年久失修，垣壁頹圮，復由信徒范南等倡言籌資重新改建，署名廣安宮，奉祀主神為孔德尊王，另建將軍爺祠，統轄亡魂以其神靈顯赫名聞遐邇信眾進香祭祀膜拜四時不斷，本宮因初創簡陋年久失修爰于民國五十九年歲次庚戌（公元一九七〇年）桂月六日聖神鴻賜并順應信眾公意推舉楊萬年、陳錦燦、王孫盼、黃江水、王石發、黃登泉、蔡金朝、黃水波、陳天賜、黃錦峯等十名為執事、設會決議籌款改建，經各委員努力，承蒙各界善士地方縉紳解囊襄助，擇於民國六十年歲次辛亥（公元一九七一年）二月廿一日由省議員李雅樵破土興建，本宮委員營建工事初期六箇月耗資六十萬元，其廟宇外貌巍峨壯麗，內部富麗堂皇，古色古香益使神威顯赫，佑我黎民適足蜚聲遐邇，香火鼎盛，廼為作記。

王孫盼 敬譔

中華民國六十年辛亥菊月吉旦

（八）許件烈士祠重建記

許烈士諱件，蔴荳堡草店尾庄（今麻豆鎮新建里）富紳許元珍哲嗣。生於清咸豐初年，自幼秉賦穎悟，及長誠篤尚義。本擬遂功名於前程，惜時運不濟，屢售不第，遂忍耐力行振興家業。

光緒乙未廿一年（西元一八九五年）割台戰役，烈士號召鄉

親共赴國難。日軍挾勢掠塩水逼麻豆。十月十四日（陰曆八月廿六日）許烈士率眾護衛鄉土，於蔴荳庄西角入口（今烈士祠附近）不幸慘遭戰戟，壯烈成仁，遺留四十二歲髮妻陳氏頭，七歲獨子許后，三歲幼女許氏和，烈士胞弟許掩亦蒙難是役。

迨戰事結束，倖存同志將殉難烈士遺骨十餘具就地掩埋立祠奉祀，顏祠號「許姓公」，時至今日歷百年，香火猶稱鼎盛。晚近麻豆圓環擴建，祠宇礙路，許烈士侄曾孫許漢炎，里長許江海倡議遷建於原址附近，信眾熱烈響應，於仲春月興工，數月之間祠宇告竣，雖蕞爾小祠，足以崇祀久遠。許件烈士，抗日捐軀垂史乘，成神顯聖護家邦。誦曰：麻豆英豪人歌正氣彌天地；台灣義士世鄉芳型垂古今。

台南縣文獻諮詢委員

麻豆 詹評仁 敬撰

歲次己巳年孟夏月 立石

◎碑文勘誤說明：根據此碑文資料，許件殉難日期為10月14日，此時日軍在進行鐵線橋附近村庄及急水溪流域的掃蕩戰鬥，尚未進軍至麻豆，根據麻豆耆老詹評仁《臺南縣麻豆鎮耆老口述歷史紀錄》書中所述，許件隨麻豆鄉勇於10月17日赴鐵線橋應戰陣亡，若依碑文所記，如是日軍進軍麻豆的抵抗衝突，那應是10月20日日軍準備越過曾文溪之前在北岸的戰鬥。

殉難日期可能有誤，但麻豆鄉勇抗日事蹟傳說由來已久，且本廟位置在日軍進軍路線上，見證麻豆鄉勇事蹟具歷史文化價值。

（九）十九公祖廟

日軍侵臺時抗日烈士被合葬在溪美墓地，有名字的後來遷

葬，最後剩下十九門無名主墳。由於百姓屢見怪事，經由靈媒得知十九烈士希望百姓建廟奉祀。蘇氏子孫建祠後歷經蘇姓後代及庄內人士捐輸，出錢出力，於六合彩盛行時期，嘉義人士中大彩奉刻有十九尊像。後因奉拜金牌，神像被偷九尊，以及香爐均已不見。洪景星先生並以「忠烈耀南臺，十九英靈原颯爽；義總領灣裡，千秋碧血祐鄉關」對聯以十九烈士祠為記。

（十）境安宮沿革

緣本宮奉祀城隍大境主、城隍二境主、黃府元帥三位尊神係起於公元一八九四年（清朝末期）中、日（甲午戰爭）滿清政府失敗剘讓台灣給日本統治，初期日本政府派駐台灣軍警均以武力手段欺壓百姓，專制統治，促使台灣人民苦不堪言生靈塗炭，民不聊生，四處喚起反日，南北各地私自組團起義，因人民手無寸鐵且日軍槍炮無眼到處亂射，死傷片野不計其數，適有三位英勇義士，不惜自身生命組團與日軍抗禦，被日軍圍剿追迫至本宮後樹木內不幸二位（大兄姓郭二弟姓周）犧牲成仁，（三弟姓黃）被追迫至佳里鎮通興里（埔頂東北墓埔內）亦犧牲，結束三位志同道合結拜兄弟起義反日不幸犧牲成仁，其英偉精神永留塵世，歲月蹉跎經拾數年後其威靈顯赫，佑吾善信，遇有疑難雜症往樹林內乞求樹根葉煎湯服之見效傳遍鄉里遠近善信往之有求必應公元一九一三年（歲次癸丑）嗣經塭子內，蚶寮（永昌宮）楊府太師、蚶寮（慈德寺）五公菩薩蚶寮、看坪（福安宮）吳府千歲鑒其英才正氣參天地，助其駐鎮玄武重地庇護蒼生，由蚶寮、看坪兩庄長老於樹林內草草搭建茅蘆供奉，爾後香

火日漸旺盛，境內居民安居樂業，公元一九三六年（歲次丙子）由地方長老徐廣東、黃朝和、黃心安、黃萬、黃安靜、黃牛爐、黃養、黃寬諒、林丁堅、陳玉興、陳才等捐募資金重建磚造廟宇署名城隍廟，彫刻金尊城隍大境主、城隍二境主二尊奉祀。公元一九六三年（歲次癸卯）因廟宇簡陋歷盡風雨催殘不堪由主任委員黃等待、委員黃福龍、黃善福、林相卿、黃旺泉、林清佃、林連來等四處捐募資金鳩工重建竣工後署名境安宮並彫黃府元帥金尊奉祀，公元一九八一年主任委員黃等待因年邁無法撐理廟務榮退，請示城隍境主神筊指示，由黃安泰接撐主任委員職務，公元一九九四年（歲次甲戌）因廟頂蓋，廟內地坪，壁堵受繁茂樹幹、樹根浸臨壓迫龜裂不堪遮不住風雨催殘，請示城隍境主降壇指示重建廟宇限二年完竣，當時資金只存新台幣弍佰捌拾萬元，重建廟宇重擔由主任委員黃安泰、委員黃福龍、林相卿、黃棟共同扶持奮鬥，不惜辛勞四處捐募資金，於同年農曆四月動土及拆除破舊廟宇農曆十月十日正式動工建造等工程進度及施工細節均由主任委員黃安泰親自監督處理，絕無鬆懈至公元一九九六年（歲次丙子）如期順利竣工，並彫刻鎮殿金尊城隍大境主、城隍二境主、黃府元帥、福德正神、註生娘娘奉祀總工程費新台幣弍仟壹佰萬元整擇定農曆十月廿九日夜安座敦聘台南縣長陳唐山、國大代表謝清文、台灣省議員方醫良、台南縣議員黃振隆、七股鄉長陳啟明、主任委員黃安泰共同參加本宮落成剪綵典禮，場面隆重輝煌，今日廟貌巍峨壯觀廟內外石彫彩畫，廟頂蓋剪粘，古色古香，彬彬如生，環境優雅，廟地範圍擴闊受城隍大境主、城隍二境主、黃府元帥神威顯赫庇蔭，承蒙十方大德，虔誠奉獻功德無量

謹述如右,以資永誌。

境安宮管理委員會 主任委員 黃安泰 啟

城隍大境主、城隍二境主 每年農曆元月六日聖誕

黃府元帥 每年農曆三月十一日聖誕

公元一九九七年(歲次丁丑)吉月吉置

二、圖示說明

(一) 樺山總督諭示

大日本帝國欽派臺灣島及所有附屬各島嶼併澎湖列島等處

總督海軍大將子爵樺山 為出示曉諭事,諭得此次

大日本帝國

大皇帝准將

大清帝國

大皇帝,因日、中兩國欽差全權大臣,於明治二十八年四月十七日在下之關所定和約,所讓臺灣島及所屬各島嶼併澎湖列島,即在英國格林尼次東經百十九度起以至百二十度,及北緯二十三度起以至二十四度之間諸島嶼之管理主權,及該地方所有堡壘、軍器、工廠及一切屬公物件,永遠歸併

大日本國。特簡本大臣,授與總督,駛抵任所。本大臣恭遵

諭旨,接收

大清國所讓各地方併駐此督理一切治民事務,凡爾眾庶在本國所管地

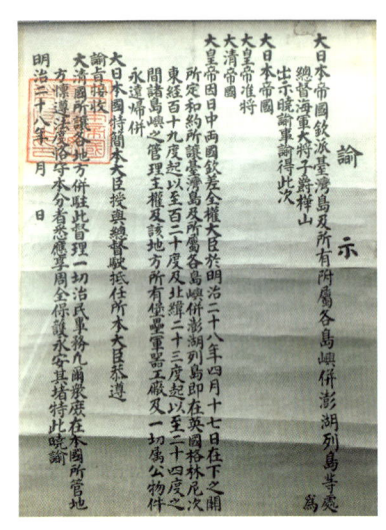

圖片來源:中央研究院臺灣史研究所檔案館典藏

方，懍遵法度，恪守本分者，悉應享周全保護，永安其堵，特此曉諭。

明治二十八年　　月　　日

（二）清軍與日軍對照圖

　　兩方的軍隊在當時都受到西方軍事的影響，但性質並不相同。日軍的軍事編制仿德國及英國的軍隊，成員來自全國徵召義務役入伍從軍，具有為國盡忠的中心思想，領導的軍士官經過完整的戰術及戰略教育養成，並且在甲午戰爭已具戰鬥經驗，武器也較先進；而清軍是由各省各地募集來的兵勇，雖然聘請洋人教官指導訓練，但是武器系統來源不一，新舊參半，有時把持地方坐收釐稅，作戰動機有時考量利益所得，因此戰鬥力不強。乙未抗日時清軍多是一戰即潰，在各地大多仰賴地方鄉勇和日軍周旋。

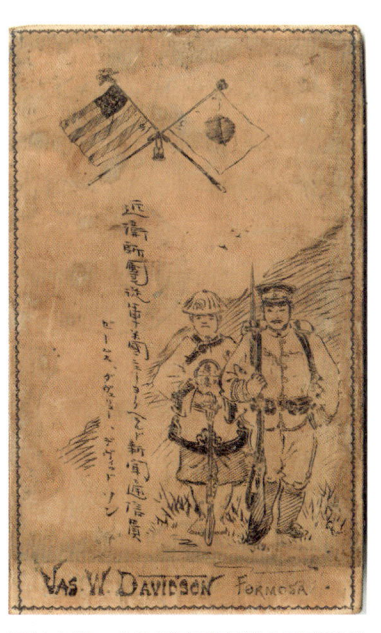

圖片來源：中央研究院臺灣史研究所檔案館典藏

（三）唐景崧

　　唐景崧（1841-1903），廣西省桂林府灌陽縣人。同治年間以進士任吏部主事。中法戰爭期間，請纓南下招撫黑旗軍劉永福，且領軍與法軍激戰有功，歷升道員、布政使，後調任臺灣巡撫。1895年「馬關條約」臺灣割讓日本，與臺灣仕紳同組臺灣民主國救亡圖存。

後日本近衛師團從澳底登陸進攻臺北，唐景崧得知此消息便逃回中國。出任臺灣民主國大總統僅 8 天時間。

　　唐景崧內渡後，朝廷因其舊功而並未降罪，命其返鄉休養未再出仕，且因棄守臺灣致使聲望一落千丈。晚年在桂林因對戲劇的喜愛，創出廣西的桂劇。1903 年卒於桂林，享年 63 歲。

圖片來源：中央研究院臺灣史研究所檔案館典藏

（四）彰化中路營務處懸賞擊殺日本船隻官兵諭告

圖片來源：原圖由洪明章收藏，周芷茹翻拍

欽加同知銜署理彰化縣事中路營務處提調兼定海後營、即補縣政堂加二級記錄十次丁

為懸賞曉諭事。照得本縣探聞倭人刻已竄擾臺地，如果窺探沿海各口，凡我兵民漁戶人等，均須併力擊殺，勿使登案，貽害地方。合將前奉

大憲議定賞銀，開列示諭，為此示仰沿海練勇及居民漁戶人等知悉，爾等如能擊退日本國大小船隻，或檎斬日本國官兵首級者，立即赴

縣呈請驗明，本縣自當照數給賞，決不食言，其各遵照，毋

臺灣變番邦，日本無頭鬃 ─ 1895 乙未抗日臺南戰場巡禮

違,特諭!

計開

一擊沉日本國大輪船一隻者,賞銀六千兩。

一擊沉日本國小輪船一隻者,賞銀貳千兩。

一擊沉日本國舢板船一隻者,賞銀四百兩。

一擊沉滿載日本國人之舢板船一隻者,賞銀八百兩。

一殺日本將官頭一顆者,賞銀貳百兩。

一殺日本著名將官頭一顆者,賞銀貳百兩,另加重犒。

一殺日本兵丁頭一顆者,賞銀壹百兩。

以上擊沉船隻及所斬首級,一俟本縣驗明,隨時給賞,以示鼓勵。

光緒貳拾壹年貳月廿八日

(五)曉諭臺灣人民告示

　　1895年6月8日,民主國總統唐景崧潛逃,臺灣民主國瓦解,眾人擁護劉永福移師臺南主持大局,他發出一件沒有署名官銜,但以臺灣民主國為立場的告示,希望居民們不要通奸,不要逃回中國,不要不繳罰鍰或公項費用,回頭是岸,不然會依法處置,語含恫嚇,凸顯當時人心動搖,多存觀望的情形。

　　告示全文如下:

　　破除情面力挽危局事,照得台灣現為民主之國,良非得已,實偪處此。倭恨台民已經切骨,所以基隆開仗即因此也。本幫辦此次到郡

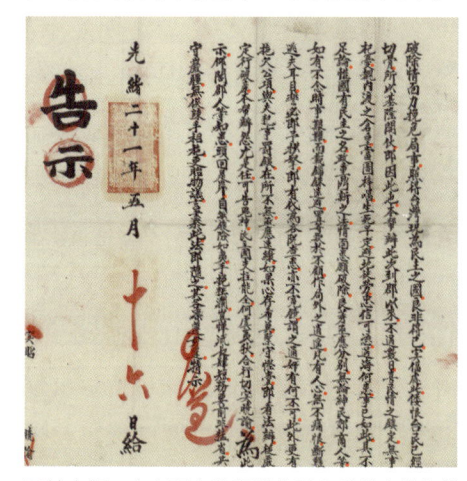

圖片來源:中央研究院臺灣史研究所檔案館典藏

玖、附錄　225

以來，不過數日，喜民情之鎮定，無事杞憂，覩內渡之倉皇，當圖棒喝。生死早定，避地徒勞，忠信可憑，過海何患，事已如此，具不足論。惟國有民主之名，政重鼎新之法，情面悉願破除，良莠亟應分別，無論紳民郊商人等，如有不念時事艱難，而載錙珠遠避，置籌款於不顧，作局外之逍遙，凡有人心，無不痛恨，斷難逃夫耳目，勢必即予抄拏。即有代為容隱，查悉亦不寬饒，謂之通奸有何不可。此外更有拖欠公項，與夫犯事罰鍰，在所不無，亟應速繳。如果心存希冀，緊守慳囊，即看法辦從嚴，定行破產。本幫辦怨尤是任，可告鬼神，民主國支柱能全，何慮夷狄，合行切實曉諭，為此，示仰闔郡人等知悉，頭回是岸，自然履險如夷，手挽狂瀾，豈憚流長肆短，務要前非猛省，共守嚴疆，無俟辣手相施，更貽物議，言盡於此，法即隨之，其各凜遵毋違。特示。

　　光緒二十一年五月十六日給　（印：幫辦臺灣防務閩粵南澳鎮總兵之關防）

　　告示

　　實貼　曉諭

（六）南征軍臺南攻擊之圖

　　1895 年 10 月 12 日，混成第四旅團長伏見宮貞愛親王率軍渡過急水溪進擊學甲，學甲壯丁團長賴安邦聞訊後，聯絡民軍領袖林崑岡迎戰。10 月 13 日，林崑岡見戰況危急，派員急赴臺南府城向劉永福商請出兵支援，並於家鄉漚汪廟（將軍漚汪文衡殿）前召募義勇壯丁投入戰場。日軍於 18 日於鐵線橋出發向西發動總攻，在竹篙山兩軍會戰。本圖稱「南征軍臺南攻擊之圖」，兩軍對峙激烈槍戰之情況，與其他描繪對戰圖中清軍及臺灣義軍一敗塗地之景象相較之下對比強烈。

圖片來源：中央研究院臺灣史研究所檔案館典藏

（七）特示

欽命署理福建臺灣巡撫部院兼
管海關學政頭品頂戴臺灣布政
使司霍伽春巴圖魯唐　為
出示曉諭事照得倭人犯台凡
我臺民帶槍投效者即給口糧
四兩貳錢充為勇丁另給槍價或
團練局報名均可能帶數十人來
者即為隊長帶數百人來者即為
營官無官職者先賞頂戴有功
重賞合就出示曉諭為此示仰諸
色人等一體知悉爾等如能帶槍
率眾投效者均如前指分別錄用
其各踴躍報名毋稍觀望切切
特示
光緒二十一年三月　日給

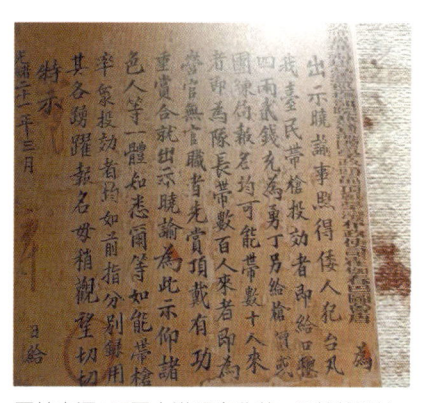

圖片來源：原圖由洪明章收藏，周芷茹翻拍。

玖、附錄　　227

國家圖書館出版品預行編目（CIP）資料

臺灣變番邦，日本無頭鬃：1895乙未抗日臺南戰場巡禮 / 鄭道聰著. -- 初版. -- 臺南市：臺南市政府文化局；高雄市：麗文文化事業股份有限公司，2025.07
　面；　公分
ISBN 978-626-7719-18-3(平裝)

1.CST: 臺灣史　2.CST: 戰役　3.CST: 臺南市

733.279　　　　　　　　　　　114008190

臺灣變番邦，日本無頭鬃
—1895乙未抗日臺南戰場巡禮

作　　　者	鄭道聰
審　　　查	戴文鋒、陳文松、陳怡宏
發 行 人	黃雅玲
督　　　導	林韋旭、方敏華
行政編輯	王世宏、李中慧、郭錦童
執行編輯	李麗娟
內文排版	薛東榮
封面設計	薛東榮
出　　版	臺南市政府文化局

　　　　　　地址：永華市政中心：708201 臺南市安平區永華路2段6號13樓
　　　　　　　　　民治市政中心：730210 臺南市新營區中正路23號
　　　　　　電話：06-6324453　　網址：https://culture.tainan.gov.tw
　　　　　麗文文化事業股份有限公司
　　　　　　辦公地址：802019 高雄市苓雅區五福一路57號2樓之2
　　　　　　電話：07-2236780　　傳真：07-2233073
　　　　　　網址：https://www.liwen.com.tw
　　　　　　購書 LINE ID：@sxs1780d
　　　　　　讀者服務信箱：order1@liwen.com.tw

展售門市	麗文文化事業股份有限公司

　　　　　　地址：802019 高雄市苓雅區五福一路57號2樓之2
　　　　　　電話：07-2236780　傳真：07-2233073
　　　　　　門市地圖：https://www.liwen.com.tw/branch/all/1

網路訂購	國家網路書店　http://www.govbooks.com.tw
	麗文文化事業股份有限公司：https://www.chuliu.com.tw/

2025年8月　初版
臺南研究叢書 R052　2025-806
ISBN　978-626-7719-18-3
GPN　1011400639
定　價　360元

版權所有　翻印必究